TRAITÉ

D'ANALYSE LOGIQUE.

TRAITÉ
D'ANALYSE LOGIQUE,

PRÉCÉDÉ

DE LA THÉORIE DE LA GÉNÉRALISATION DES IDÉES,

LAQUELLE SERT DE BASE AU RESTE DE L'OUVRAGE,

ET SUIVI DE NOMBREUX EXERCICES;

PAR E. A. CHABERT,

AGRÉGÉ DE GRAMMAIRE, EX-CENSEUR DES ÉTUDES,
PROFESSEUR AU COLLÉGE ROYAL DE GRENOBLE.

A L'USAGE DES ÉLÈVES ET DES MAITRES.

AVIGNON,

Chez SEGUIN AINÉ, Imprimeur-Libraire, rue Bouquerie, 8.

1840.

des langues synthétiques, sont souvent embarrassés pour saisir les rapports des idées entre elles, parce qu'ils ne connaissent pas la cause qui nécessite quelques-uns de ces rapports. Leurs traductions seront plus exactes, et ils ne seront pas exposés à faire les contre-sens si fréquens dans les devoirs des écoliers qui ignorent ces principes. Ces élèves et ceux qui étudient seulement la langue française, y verront que si l'on ne met pas de virgule avant les propositions incidentes, essentielles, lorsqu'elles viennent immédiatement après l'idée ou les idées qu'elles modifient, c'est qu'on ne peut partager un *tout* sans le détruire, ces propositions étant parties intégrantes de cette idée ou de ces idées, qui sans elles exprimeraient un sens tout différent de celui qu'elles présentent par le moyen de ces complémens. La théorie suivante de la généralisation des idées leur montrera pourquoi les poètes si fréquemment, et les prosateurs quelquefois, surtout dans les sujets relevés, emploient une idée pour une autre, par exemple, les *mortels* pour les *hommes*, le *frêne* pour un *arbre* en général, etc. C'est que ces idées étant les unes espèces ou genres relativement aux autres, ont entr'elles un rapport et un air de famille qui leur permettent de se remplacer mutuellement dans le discours. De l'usage de mon livre il résultera que les élèves, qui se croient dans un monde nouveau lorsqu'ils rencontrent pour la première fois ces manières de parler, les trouveront toutes naturelles, parce qu'ils saisiront du premier coup d'œil le rapport de l'effet à la cause.

L'étude des langues serait attrayante, et les enfans y feraient beaucoup plus de progrès qu'à présent, si nous avions, je ne dis pas seulement une bonne grammaire générale, mais encore des grammaires particulières dont on aurait soin de faire découler les principes, (à part toutefois les exceptions particulières à chaque idiome,) des principes de cette grammaire générale qui doit être, par rapport aux grammaires particulières, ce qu'est le syllogisme relativement aux autres formes que le raisonnement peut revêtir, c'est-à-dire, qu'elle les résume toutes, comme les autres argumens au fond reviennent tous au syllogisme. La grammaire générale, selon moi, est un genre ou une synthèse, dont les grammaires particulières sont les espèces ou les parties composantes, abstraction faite, bien entendu, ainsi que je l'ai dit, des particularités de chaque langue, de même que, pour arriver à l'idée générique qui est aussi une synthèse, nous mettons de côté les qualités particulières aux individus que nous voulons désigner par un même nom.

Les idées qui précèdent, diront beaucoup à ceux qui entendent cette matière ; les personnes auxquelles elle n'est pas familière, ont besoin, pour les comprendre, de lire avec soin la théorie suivante, que j'ai tâché de mettre, par les développemens dans lesquels je suis entré, à la portée des intelligences les plus communes.

Pour en revenir à la grammaire générale, je désirerais bien vivement, dans l'intérêt de l'instruction publique, que M. E. Burnouf mît au jour les travaux remarquables qu'il a faits sur cette matière pour ses conférences à l'école Normale. J'en ai lu quelques fragmens, et je suis convaincu que son ouvrage ferait faire un grand pas à la science. Tous nos auteurs de grammaires générales, Condillac, Dumarsais, Port-Royal, Court-de-Gebelin, Beauzée, Sacy, Destutt-de-Tracy, ont à coup sûr du mérite ; quelques autres, Harris surtout, ne sont pas à dédaigner non plus ; mais chez chacun d'eux aussi, certaines parties laissent à désirer, soit sous le rapport des vues, soit par le défaut de développemens convenables. M. E. Burnouf joindrait à ce que ces Auteurs ont de bon, la rectification des erreurs qu'ils ont commises, et par-dessus tout encore ses vues particulières, dont la bonté nous est garantie par le mérite de l'Auteur, philologue des plus distingués, et fils digne de son père.

TRAITÉ

D'ANALYSE LOGIQUE.

PREMIÈRE PARTIE.

Généralisation des idées.

1. Le *sujet* étant la première partie de toute proposition, et le nom qui l'exprime occupant la première place dans le discours, quand celui-ci est conforme à l'ordre analytique de la pensée, ou qu'on lui a fait prendre la construction directe, lorsqu'il s'écarte de cet ordre, c'est par lui que je vais commencer ces observations.

Ces expressions *nom propre*, *nom commun*, des Grammaires ordinaires, ne produisent que de vains sons qui frappent sans fruit les oreilles des enfans. Si après leur avoir fait suivre les méthodes communes, vous allez leur dire que dans cette phrase : *Nous avons acheté le livre que vous avez vu*, ces mots *le livre que vous avez vu* tiennent la place d'un nom propre, leur étonnement ne sera pas médiocre. Ne trouvant rien de semblable dans leurs livres, ils se feront peut-être une pauvre idée de votre capacité, précisément parce qu'on n'aura pas commencé avec eux par le commencement. Ils ne rectifieront leur opinion à votre égard, qu'après que par de longues explications, vous aurez vous-même rectifié les fausses idées qu'on leur aura laissé prendre des choses.

Au contraire, les idées que je vais développer, en donnant aux enfans les moyens de faire l'analyse logique d'une manière convenable, auront de plus le mérite de jeter sur la Grammaire un jour qui leur montrera les choses sous leur véritable point de vue. Ils connaîtront parfaitement la signification de ces mots *substantifs*, *adjectifs*, *verbes*, et le rôle qu'ils jouent dans la proposition. Ils auront même une idée complète des différentes parties du discours, si l'on ajoute que parmi celles qui restent, les unes modifient les idées de substances (*participes*), les représentent (*pronoms*), ou expriment des propositions entières (*interjections*), et les autres (*prépositions*, *conjonctions*) sont une espèce de ciment qui unit soit les mots, soit les phrases. L'*article* et l'*adverbe* ne sont pas compris dans cette définition. L'article a deux fonctions : ou il précède un substantif pris dans toute son extension : *Les arbres sont utiles ;* ou il annonce que le substantif qui le suit, va être déterminé, c'est-à-dire, restreint dans sa généralité: *Les enfans qui sont studieux*, *obtiendront des récompenses*. L'adverbe sert à modifier les idées. Il est d'un grand usage dans le discours, mais il n'est pas nécessaire. On peut toujours le remplacer par une préposition et son complément : *Travailler ardemment*, pour *travailler avec ardeur.*

SUBSTANTIFS.

2. Tous les noms ont été d'abord des noms propres. Les noms communs doivent leur origine à la faiblesse de l'esprit humain, laquelle n'a pas permis de donner une dénomination particulière à chacun des nombreux individus de la nature. Comme on n'en trouve pas deux qui se ressemblent parfaitement, chacun aurait dû avoir un nom particulier. La chose n'ayant pas été possible, voici de quelle manière ont dû procéder ceux qui les premiers ont nommé les objets.

Les individus se présentent à nous sous la forme synthétique, c'est-à-dire, sous la réunion de plusieurs qualités dont la connaissance complète a besoin de l'analyse intellectuelle, de même que nous devons résoudre une montre en ses divers élémens constitutifs, lorsque nous voulons en avoir une idée complète ; et remarquez que cette idée, composée nécessairement de plusieurs autres idées, sera plus ou moins exacte, à proportion que l'analyse aura été plus ou moins bien faite ; que par conséquent la négligence peut donner lieu à bien des erreurs, parce que les hommes voient plus ou moins de choses dans un même objet, suivant qu'ils l'analysent avec plus ou moins d'exactitude. D'où il résulte que souvent nous n'avons qu'une connaissance incomplète des objets mêmes que nous croyons le plus dans le domaine de notre savoir.

Nous disons donc que les individus dans la nature se présentent à nous sous la forme synthétique : supposons que les langues ne soient pas faites, et que nous ayons à nommer les objets qui sont autour de nous. Nous voyons un arbre, et nous voulons lui donner un nom qui à l'avenir réveille dans notre esprit toutes les qualités que l'analyse nous aura fait découvrir en lui. Nous l'examinons sous toutes ses faces ; nous voyons qu'il a un tronc, des branches, des feuilles, des fruits, qu'il est produit par la terre, etc. Après en avoir analysé toutes les qualités, que nous avons pu prendre une à une au moyen d'une faculté intellectuelle qu'on appelle *abstraction*, nous voulons le désigner par un nom qui dorénavant soit pour nous le résumé de cette analyse, c'est-à-dire, que ce nom exprime un individu qui a un tronc, des branches, des feuilles, des fruits, qui est produit par la terre, etc. et nous l'appelons *arbre*. Comme nous ne connaissons pas encore d'autres objets de la même nature, il en résulte que ce mot *arbre* est un nom propre, puisqu'il sert à désigner un individu unique. Mais bientôt nous apercevons un autre objet semblable à celui-là ; le premier était un *poirier*, je suppose ; celui-ci est un *pommier*. Nous trouvons à ce nouvel individu un grand nombre des qualités que nous avons remarquées dans l'autre. Mais entre autres différences, nous voyons que les fruits du premier ont une figure un peu ovale, et que ceux du second approchent plus de la forme ronde. Cette différence attire notre attention ; mais à cause de la ressemblance que nous trouvons entre eux, nous faisons abstraction des qualités particulières à chacun d'eux, et n'envisageant ces deux individus que relativement aux qualités qui leur sont communes, comme d'avoir un tronc, des branches, des feuilles, d'être produits par la terre, etc. nous disons que le dernier est aussi un arbre ; et c'est ici que commence la *généralisation*, parce que le mot *arbre*, nom propre d'abord, est commun à deux individus. Dans le premier cas, ce mot avait un représentant réel dans la nature, puisqu'il était le résumé de toutes les qualités trouvées par l'analyse dans un individu unique ; à présent il n'est plus que l'expression des qualités communes aux deux individus examinés. Si nous continuons, et que nous donnions ce nom aux pruniers, aux abricotiers, enfin à tous les arbres, plus sera grand le nombre des individus auxquels nous l'appliquerons, plus l'abstraction augmentera, puisqu'il faudra laisser de côté les qualités particulières à chaque arbre, et moins le nom, qui d'abord était nom propre, aura de signification.

Ceci amène l'*extension* et la *compréhension* des idées dont nous parlerons bientôt. L'idée *arbre* ainsi généralisée forme ce qu'on appelle un *genre* ; l'idée de genre suppose celle de deux *espèces* au moins, dont le genre n'est que le résultat. Les diverses espèces de l'idée générique *arbre*, sont les *poiriers*, les *pruniers*, les *abricotiers*, etc. Ce que nous avons dit du mot *arbre*, peut s'appliquer à toutes les autres idées d'espèces et de genres ; elles se sont formées de la même manière. Remarquons que les espèces et les genres ne sont pas espèces et genres absolument ; une idée qui est genre relativement à des espèces subordonnées, est espèce par rapport à un genre plus étendu. Un seul genre est absolument genre ; c'est celui qui embrasse tout ce qui existe ; il n'exprime qu'une idée, c'est celle d'*exister*. Les espèces de ce genre universel sont tous les autres genres avec les espèces qu'ils dominent.

Les espèces et les genres, disons-nous, ne sont pas genres et espèces absolument. L'idée *homme* est genre relativement aux diverses espèces d'hommes, les *blancs*, les *noirs*, etc. mais elle est espèce par rapport au genre *animal* qui comprend les hommes et les bêtes. L'idée *animal* elle-même est genre pour les deux espèces qui lui sont subordonnées ; mais elle est espèce relativement au genre qui domine tous les autres ; celui qui, comme je viens de le dire, embrasse tout ce qui existe.

Arrivons maintenant à la *compréhension* et à l'*extension* des idées. On entend par *compréhension* la réunion des idées partielles qui entrent dans la formation des idées composées, et par *extension*, le nombre des individus auquels une idée s'applique. Dans la *compréhension* de l'idée *arbre*, entrent toutes les idées partielles de troncs, de branches, de feuilles, de fruits, etc. Tous les arbres ensemble en composent l'*extension*. Quand on monte l'échelle d'abstraction, l'*extension* augmente et la *compréhension* diminue; l'inverse a lieu quand on la descend. Si de l'*individu* je passe à l'espèce ou au genre, la *compréhension* diminue, parce que l'abstraction met de côté une partie des qualités, le même nom ne pouvant s'appliquer à plusieurs individus qu'à la condition qu'on négligera les qualités particulières à chacun d'eux; mais l'*extension* augmente, parce que l'idée embrasse un plus grand nombre d'objets. Au contraire, si du genre ou de l'espèce, je viens à l'*individu*, l'*extension* diminue, parce qu'il se trouve moins d'objets dans le domaine de l'idée; mais la *compréhension* augmente, parce qu'elle reprend les idées particulières que l'abstraction a écartées pour arriver à la généralisation. Ainsi plus une idée a d'extension, moins elle a de compréhension, et réciproquement. Dans le genre le plus étendu, celui qui embrasse tout ce qui existe, la *compréhension* se compose d'une idée unique, celle de l'existence; mais l'*extension* est portée au plus haut point. Dans l'*individualité* au contraire, l'*extension* se compose aussi d'une idée unique; mais la *compréhension* embrasse le plus d'idées qu'il est possible.

ADJECTIFS.

3. Jusqu'ici nous n'avons parlé que des idées qui représentent les objets. Tout ce que nous avons dit, peut s'appliquer aussi aux idées qui expriment les qualités de ces objets. Quand nous disons, par exemple, qu'un objet est *rouge*, l'idée de rouge exprime un genre, comme l'idée *arbre* dans cette phrase, *les arbres sont utiles.* C'est par l'*abstraction* aussi qu'on en a fait un genre, parce que tous les objets ne sont pas rouges de la même manière. Cette idée a ses espèces, *rouge foncé*, *plus foncé*, *moins foncé*, *rouge éclatant*, *plus éclatant*, *moins éclatant* ; et l'on peut revenir à l'*individualité*, tout comme pour les idées de substances. *Le rouge de votre habit est éclatant ;* il ne s'agit pas d'un *rouge* espèce ou genre ; il est question de l'individu ; c'est le *rouge* particulier de votre habit, et non le *rouge* commun à plusieurs habits ou à tous les habits rouges.

SUBSTANTIFS MÉTAPHYSIQUES.

4. L'abstraction s'est encore étendue plus loin. Après avoir opéré sur les objets physiques et sur leurs qualités, elle s'est avisée de grossir le nombre des substances. De même qu'elle avait choisi ce qu'avaient de commun tous les objets de la même espèce ou du même genre, afin de pouvoir les désigner par un même nom, de même, d'une

qualité commune à plusieurs individus, elle a fait une substance métaphysique : par exemple, de la qualité de tous les objets rouges, elle a formé la substance *rougeur*, idée individuelle d'abord et ensuite terme générique représentant ce que ces objets ont de commun sous le rapport de la couleur. Elle en a fait autant des autres qualités, et par-là elle a donné naissance à une nouvelle classe de substances, qui dans la grammaire vont de pair avec les autres ; substances abstraites qu'on qualifie comme les substances physiques ; car on dit *beauté remarquable*, *vertu éminente*, comme on dit *fruit mûr*, *grand arbre*, *table ronde*.

VERBES.

5. Les verbes attributifs, comprenant en eux-mêmes des attributs qui servent à exprimer les qualités des objets, entrent aussi dans le domaine de l'abstraction. Les idées que ces attributs expriment, ont été aussi généralisées, et peuvent, à leur tour, être restreintes comme les autres idées générales. Prenons pour exemple le verbe *louer :* il exprime la qualité commune à tous les individus qui louent, abstraction faite de la manière de louer. Cette idée a ses espèces : *louer avec plus ou moins de chaleur*, *de justice*, *etc.* et peut être restreinte jusqu'à l'individualité : *votre frère vous a loué en présence de beaucoup de monde ;* il ne s'agit point ici de l'idée générique *louer*, mais

de la manière particulière dont votre frère vous a loué. Tous ceux qui connaissent l'éloge en question, se le rappellent plus ou moins bien, il est vrai, selon qu'ils en ont pris une connaissance plus ou moins exacte ; mais toujours est-il que cette proposition : *votre frère vous a loué, etc.*, ne réveille point en eux l'idée de louer d'une manière quelconque, mais l'idée individuelle de l'éloge que votre frère a fait de vous.

RETOUR A L'INDIVIDUALITÉ.

6. Lorsque les idées ont été ainsi généralisées, quel moyen emploie-t-on pour les restreindre ? Comment les réduire à l'individualité ?

L'esprit humain n'ayant pu désigner par un nom particulier chacun des individus tant physiques que métaphysiques, a montré les ressources dont la nature le dota, alors même qu'elle lui refusait une faculté dont il semblait avoir besoin pour étendre le domaine de ses connaissances. Il était impossible qu'avec le pouvoir de généraliser ses idées, il n'eût pas le moyen de revenir sur ses opérations, que l'unité, d'où il serait parti, fût totalement perdue pour lui, et qu'il ne pût agir que sur des collections. Les individus n'auraient figuré que comme parties intégrantes de *touts* métaphysiques, et l'individualité qu'on trouve partout dans la nature n'aurait été nulle part dans le discours. Celui-ci aurait précisément offert l'inverse de ce que nous avons sous les yeux : il n'y a point d'abstractions autour de nous, et notre langage n'aurait présenté que des abstractions ; de sorte qu'une faculté qui devait soulager notre faiblesse, aurait amené avec elle la confusion. Mais il n'en a point été ainsi ; l'obscurité ne devait point sortir du sein de la lumière ; et après avoir généralisé nos idées, pour échapper à une nomenclature à laquelle nous n'aurions pas suffi, nous avons le moyen de les tirer, au besoin, de la généralité où nous les avons mises par l'abstraction, de les présenter dans une généralité moins grande, et de revenir au point d'où nous sommes partis. Ainsi, si nous n'avons pas à désigner un genre, ou une espèce entière, mais seulement un individu, notre esprit prendra l'idée générale qu'il a faite, et au moyen de quelque modification, il lui rendra la compréhension qu'il lui a ôtée, et lui ôtera en même temps l'extension qu'il lui a donnée. Prenons pour exemple l'idée générale *livre*. Nous ne voulons pas que cette idée s'applique à la classe entière ; notre intention est de la restreindre à l'individualité. Nous arrivons à notre but en disant, suivant le cas, *notre livre*, *le livre de Paul*, *le livre que vous m'avez prêté*, *le livre que nous avons acheté*, *le livre que vous avez lu*. Dans tous ces exemples, il ne s'agit point de livre espèce ou genre, mais de livre individu ; il est question seulement de *notre livre*, *du livre de Paul*, *du livre que vous m'avez prêté*, *du livre que nous avons acheté, du livre que vous avez lu.* Les personnes à qui nous parlons, ne se méprennent pas ; elles savent parfaitement de quel livre nous voulons leur parler, et chacune de ces cinq manières réveille aussitôt dans leur esprit toutes les qualités du livre dont il s'agit, ou, pour mieux dire, toutes les qualités qu'elles lui connaissent, puisque nous avons dit qu'on connaît d'autant plus un objet, qu'on en a fait une analyse plus exacte. Dans le premier cas, l'idée générale *livre* est restreinte à l'individualité par un adjectif déterminatif ; dans le second cas, par l'article et un nom précédé d'une préposition ; et dans les trois cas suivans, par l'article et une proposition incidente. Tous ces moyens sont des complémens déterminatifs ; ils modifient l'idée dans son extension. Ceux qui modifient les idées dans leur compréhension, s'appellent complémens qualificatifs : *Pierre, qui travaille, sera récompensé ; Paul, qui est paresseux, n'aura pas de prix : qui travaille, qui est paresseux*, sont des complémens qualificatifs. Les premiers sont pour les idées incomplètes par elles-mêmes, et les derniers s'appliquent aux idées qui n'ont pas besoin de secours pour se compléter. Les premiers s'appellent encore complémens essentiels, et les seconds, complémens non-essentiels ; et c'est là tout le fondement de l'analyse logique, à laquelle, selon moi, on ne doit exercer les enfans qu'après leur avoir fait connaître l'opération intellectuelle qui a nécessité dans les langues les complémens essentiels.

Nota. Les personnes pour lesquelles les idées qui précèdent seraient tout-à-fait neuves, peuvent néanmoins exercer leurs élèves sur mon analyse logique, en prenant le temps nécessaire pour se familiariser en leur particulier avec ce que j'ai dit jusqu'ici.

De la Proposition.

7. La Proposition est, en terme de grammaire, l'énonciation d'un jugement : ces mots *Dieu est bon* constituent une proposition ; on juge que la qualité de *bon* convient à *Dieu.*

8. Une phrase contient autant de propositions qu'on y trouve de verbes à un mode personnel, c'est-à-dire, à un mode autre que l'infinitif, excepté quelquefois dans les *gallicismes*, comme on le verra plus tard, et le cas de l'ellipse.

9. La proposition, considérée logiquement, se compose seulement de trois parties : le *sujet*, le *verbe*, et l'*attribut.*

10. Le *sujet* est l'objet du jugement ; l'*attribut* est la qualité qu'on présente comme se trouvant dans le *sujet.*

Le *verbe* est le mot qu'on emploie pour marquer que la qualité exprimée par l'attribut convient au sujet. Dans cette proposition : *Dieu n'est pas injuste*, *Dieu* est le sujet, *est*, le verbe, *ne pas injuste*, l'attribut.

11. La proposition est affirmative alors même qu'elle renferme une négation : celle-ci tombe sur l'attribut, et non sur le verbe.

12. On appelle *analyse logique*, la décomposition que l'on fait d'une phrase, pour reconnaître

les différentes propositions dont elle est composée, et pour chercher les trois parties constitutives de chacune de ces propositions.

13. Une proposition peut avoir pour sujet un substantif, un pronom, un infinitif, ou quelquefois une autre proposition.

14. Il n'y a qu'un verbe, à proprement parler : c'est le verbe *être* ; les autres ne sont que des combinaisons de celui-là et de mots exprimant les qualités des substances : *je chante* est pour *je suis chantant.*

15. Une proposition peut avoir pour attribut un adjectif, un participe présent ou passé, un substantif, un pronom, un infinitif, ou quelquefois un jugement entier.

16. Toute proposition, comme je l'ai dit plus haut, se compose de trois parties, le *sujet*, le *verbe*, et l'*attribut.* Mais le sujet et l'attribut ne se présentent pas toujours avec la même simplicité que dans la proposition : *Dieu est bon.* Si nous avions pu représenter par un nom particulier chaque idée soit de substance, soit de modification, le discours se serait peu écarté de cette simplicité. Mais la généralisation des idées dont j'ai parlé, nous force à recourir à certains moyens pour faire bien connaître les objets que nous voulons désigner. Ces moyens sont ce que nous appelons *complémens logiques : L'étude de la grammaire est utile ; de la grammaire* est le complément logique de *étude.* En effet le substantif *étude* est un terme

générique représentant un travail fait sur un objet quelconque; c'est par conséquent un mot vague qui seul ne peut nous servir à exprimer ce que nous avons en vue; tandis qu'en ajoutant *de la grammaire* nous circonscrivons le domaine de ce terme, et nous sommes parfaitement compris.

17. Par extension, on appelle complémens logiques, des idées sans lesquelles le sujet ou l'attribut, auquel elles s'appliquent, ne cesse pas d'être complet. Conservons-leur ce nom, s'il le faut; mais ne les confondons pas avec les complémens essentiels : *Votre frère, qui est venu me voir, doit aller à la campagne*; l'idée de *frère* est complète, sans le complément *qui est venu me voir*, tandis que l'idée exprimée par l'attribut compris dans le verbe *doit* ne l'est pas, si l'on retranche *aller à la campagne*.

18. Ces complémens ne sont pas une quatrième partie de la proposition, parce que les premiers sont parties intégrantes du sujet ou de l'attribut, et que les derniers ne s'y trouvent, pour ainsi dire, que par occasion. Il en est de même des autres.

19. L'adjectif figure comme complément essentiel, ou simplement comme attribut. Dans cette proposition : *Les écoliers studieux remporteront des prix*, l'adjectif *studieux* est complément essentiel, c'est-à-dire, partie intégrante du substantif *écoliers*, terme générique qu'il restreint; tandis qu'il est simplement attribut dans cette proposition : *Mes élèves sont studieux.*

20. Dans le sujet ou dans l'attribut d'une proposition peuvent se trouver des idées qui servant de complément essentiel à une idée ou à des idées précédentes, ont besoin elles-mêmes d'un complément de la même nature : la cause en est toujours dans la généralisation. Dans cet exemple: *L'homme constant dans ses principes jouit de l'estime des honnêtes gens*, l'adjectif *constant* est partie intégrante du substantif *homme*, terme générique qu'il restreint ; mais comme il exprime lui-même une idée générale, qu'il signifie une constance quelconque, et que toute constance n'est pas digne de l'estime des honnêtes gens, il faut restreindre l'idée qu'il exprime, et c'est ce que font les mots *dans ses principes* complément essentiel de cette idée : le même rapport existe entre l'attribut *jouissant* et le substantif *estime*, entre le substantif *estime* et le substantif *honnêtes gens*.

21. Le verbe, exprimant une idée complète, ne peut avoir aucun complément : *Je suis à votre service* (*dévoué*); *Il est dans l'erreur* (*tombé*).

22. Le sujet et l'attribut peuvent être *simples* ou *composés*, *incomplexes* ou *complexes*.

23. Le sujet est *simple*, quand il n'exprime qu'un seul être, ou que des êtres pris collectivement, ou qu'une seule idée : *La science est avantageuse ; les Français sont courageux; Etudier est utile.*

24. Le sujet est *composé*, quand il exprime des êtres non pris collectivement, ou plus d'une

idée : *La vertu et le génie sont avantageux à l'homme.*

25. L'attribut est *simple*, quand il n'exprime qu'une seule qualité ou qu'une seule action : *Dieu est bon; Le coq chante*, c'est-à-dire, est chantant.

26. L'attribut est *composé*, lorsqu'il exprime plusieurs qualités : *Auguste fut doux et humain.*

27. Le sujet et l'attribut sont *incomplexes*, quand ils expriment des idées qui n'ont pas été généralisées, ou qu'ils n'ont pas quelqu'un des complémens non-essentiels : *Le Soleil est lumineux.*

28. Le sujet et l'attribut sont *complexes*, quand ils expriment des idées générales, que l'on a besoin de restreindre, ou qu'ils ont quelque complément non-essentiel, c'est-à-dire, qui n'est pas partie intégrante de l'idée à laquelle il se rapporte : *Les écoliers studieux recevront des récompenses; Bayard, guerrier plein de valeur, naquit dans le Dauphiné.*

29. Ce que nous venons de dire sur les sujets simples ou composés, incomplexes ou complexes, sera plus sensible par l'analyse que nous allons faire des exemples donnés à cette occasion.

La science est utile.

30. Cette proposition est principale, absolue : (n.os 39. 40.) elle est principale, parce qu'elle ne figure pas comme complément; elle est absolue, parce qu'elle a par elle-même un sens complet.

Le sujet est *la science :* il est simple, parce qu'il n'exprime qu'un seul objet ; il est incomplexe, parce qu'il n'a pas de complément. Le verbe est *est*. L'attribut est *utile :* il est simple, parce qu'il n'exprime qu'une seule qualité ; il est incomplexe, parce qu'il n'a pas de complément.

Les Français sont courageux.

31. Cette proposition est principale, absolue : elle est principale, parce qu'elle ne figure pas comme complément ; elle est absolue, parce qu'elle a par elle-même un sens complet.

Le sujet est *les Français :* il est simple, parce qu'il exprime des êtres pris collectivement ; il est incomplexe, parce qu'il n'a pas de complément. Le verbe est *sont*. L'attribut est *courageux :* il est simple, parce qu'il n'exprime qu'une seule qualité ; il est incomplexe, parce qu'il n'a pas de complément.

Les objets ne peuvent être pris collectivement, que parce qu'ils sont de la même espèce, de même que dans une opération d'arithmétique on ne peut combiner ensemble des unités de nature différente.

La vertu et le génie sont avantageux à l'homme.

32. Cette proposition est principale, absolue : elle est principale, parce qu'elle ne figure pas comme complément ; elle est absolue, parce qu'elle a par elle-même un sens complet.

Le sujet est *la vertu et le génie :* il est composé, parce qu'il exprime des objets non pris collectivement ; il est incomplexe, parce qu'il n'a pas de complément. Le verbe est *sont*. L'attribut est *avantageux à l'homme* : il est simple, parce qu'il n'exprime qu'une seule qualité ; il est complexe, parce qu'il a pour complément *à l'homme* qui restreint l'idée générique exprimée par l'adjectif *avantageux*.

Le coq chante.

33. Cette proposition est principale, absolue : elle est principale, parce qu'elle ne figure pas comme complément ; elle est absolue, parce qu'elle a par elle-même un sens complet.

Le sujet est *le coq :* il est simple, parce qu'il n'exprime qu'un seul être; il est incomplexe, parce qu'il n'a pas de complément. Le verbe est *est*. L'attribut est *chantant* : il est simple, parce qu'il n'exprime qu'une seule action ; il est incomplexe, parce qu'il n'a pas de complément.

Dieu est bon.

34. Cette proposition est principale, absolue : elle est principale, parce qu'elle ne figure pas comme complément ; elle est absolue, parce qu'elle a par elle-même un sens complet.

Le sujet est *Dieu* : il est simple, parce qu'il n'exprime qu'un seul être ; il est incomplexe, parce qu'il n'a pas de complément. Le verbe est *est*. L'attribut est *bon :* il est simple, parce qu'il n'exprime qu'une seule qualité ; il est incomplexe, parce qu'il n'a pas de complément.

Auguste fut doux et humain.

35. Cette proposition est principale, absolue : elle est principale, parce qu'elle ne figure pas comme complément ; elle est absolue, parce qu'elle a par elle-même un sens complet.

Le sujet est *Auguste* : il est simple, parce qu'il n'exprime qu'un seul être ; il est incomplexe, parce qu'il n'a pas de complément. Le verbe est *fut*. L'attribut est *doux et humain* : il est composé, parce qu'il exprime plusieurs qualités ; il est incomplexe, parce qu'il n'a pas de complément.

Le soleil est lumineux.

36. Cette proposition est principale, absolue : elle est principale, parce qu'elle ne figure pas comme complément ; elle est absolue, parce qu'elle a par elle-même un sens complet.

Le sujet est *le soleil* : il est simple, parce qu'il n'exprime qu'un seul être ; il est incomplexe, parce qu'il n'a pas de complément. Le verbe est *est*. L'attribut est *lumineux* : il est simple, parce qu'il n'exprime qu'une seule qualité ; il est incomplexe, parce qu'il n'a pas de complément.

Les écoliers studieux recevront des récompenses.

37. Cette proposition est principale, absolue : elle est principale, parce qu'elle ne figure pas

comme complément ; elle est absolue, parce qu'elle a par elle-même un sens complet.

Le sujet est *les écoliers studieux :* il est simple, parce qu'il exprime des êtres pris collectivement; il est complexe, parce qu'il a pour complément l'adjectif *studieux* qui restreint l'idée générique exprimée par le substantif *écoliers*. Le verbe est *seront*. L'attribut est *recevant des récompenses* : il est simple, parce qu'il n'exprime qu'une seule action ; il est complexe, parce qu'il a pour complément *des récompenses* qui restreint l'idée générique exprimée par le participe *recevant*.

Bayard, guerrier plein de valeur, naquit dans le Dauphiné.

38. Cette proposition est principale, absolue : elle est principale, parce qu'elle ne figure pas comme complément ; elle est absolue, parce qu'elle a par elle-même un sens complet.

Le sujet est *Bayard* : il est simple, parce qu'il n'exprime qu'un seul être ; il est complexe, parce qu'il a pour complément les idées non-essentielles *guerrier plein de valeur*. Le verbe est *fut*. L'attribut est *naissant dans le Dauphiné* : il est simple, parce qu'il n'exprime qu'une seule qualité ; il est complexe, parce qu'il a pour complément *dans le Dauphiné* qui restreint l'idée générique exprimée par le participe *naissant*.

39. La proposition est ou *principale*, ou *incidente*.

La proposition *principale* est celle qui ne figure pas comme complément : il peut y en avoir plusieurs dans une même phrase.

40. La proposition principale est *absolue*, ou *non-absolue*.

Elle est *absolue*, quand elle a par elle-même un sens complet : *Le soleil, qui est lumineux, éclaire la terre ; le soleil éclaire la terre* est une proposition principale, absolue.

41. La proposition principale est *non-absolue*, quand elle n'a pas par elle-même un sens complet : *Je crois que votre frère doit aller à la chasse ; je crois, (je suis croyant,)* est une proposition principale, non-absolue.

42. La proposition *incidente* est celle qui figure comme complément essentiel, ou non-essentiel, d'un des termes d'une autre proposition. Dans cette phrase : *Je crois que votre frère doit aller à la chasse*, la proposition *que votre frère doit aller à la chasse* figure comme complément essentiel de l'idée générique exprimée par le participe *croyant*.

43. La proposition est encore *incidente*, lorsque, sans figurer comme complément d'un des termes d'une autre proposition, elle exprime un sens qui sert d'explication, nécessaire ou non, à celui d'une autre proposition. Dans cette phrase :

Je sortirai, si le temps le permet; la proposition *si le temps le permet*, sans être complément d'un des termes de la première, sert d'explication au sens de la proposition principale.

44. Les propositions incidentes, n'eût-on d'ailleurs aucune connaissance de la dépendance qui se trouve entre les idées, sont assez faciles à reconnaître : elles commencent généralement par un pronom relatif, ou par une conjonction, excepté les conjonctions : *et*, *ni*, *ou*, *mais*.

45. La proposition incidente est *essentielle*, ou *non-essentielle*.

46. La proposition incidente est essentielle, lorsqu'elle est partie intégrante du sujet, ou de l'attribut, ou du sens total de la proposition principale (n.° 43.), et que par conséquent on ne peut la retrancher sans altérer le sens. Dans cette phrase : *Les louanges que le cœur donne, sont celles que la bonté s'attire;* les propositions *que le cœur donne*, et *que la bonté s'attire*, sont incidentes, essentielles : la première est partie intégrante du sujet *les louanges*, terme générique qu'elle restreint ; et la seconde, de l'attribut *celles*, pronom dont il faut aussi diminuer l'extension.

47. La proposition incidente est *non-essentielle*, lorsqu'elle n'est partie intégrante ni du sujet, ni de l'attribut, ni du sens total de la proposition principale (n.° 43.), et qu'on peut la retran-

cher sans altérer le sens. Dans cette phrase : *Lisez Racine, qui a surpassé les Anciens*, la proposition : *qui a surpassé les anciens*, est incidente, non-essentielle, parce qu'elle n'est point partie intégrante de l'attribut auquel elle se rapporte.

48. Quand une phrase renferme plusieurs propositions incidentes, se rapportant au même sujet ou au même attribut, ces propositions sont toutes de la même nature. Dans la phrase suivante : *On dit que votre frère travaille beaucoup, qu'il est aimé de ses maîtres, qu'il aura des prix*, les trois propositions incidentes : *que votre frère travaille beaucoup, qu'il est aimé de ses maîtres, qu'il aura des prix*, sont essentielles, parce qu'elles sont parties intégrantes de l'attribut *croyant* exprimant une idée générique qu'elles restreignent.

La même règle s'observe pour les propositions incidentes, non-essentielles : *Pierre, qui est studieux, et qui a eu des prix l'an dernier, obtiendra des récompenses cette année.*

49. Quand on analyse logiquement une phrase, il faut, avant tout, dire combien elle renferme de propositions. Dans le cours de l'analyse on doit joindre au sujet ou à l'attribut les propositions incidentes, essentielles, qui les complètent ; ensuite on les analyse elles-mêmes séparément.

On joint aussi au sujet ou à l'attribut, pour la même raison, les autres complémens essentiels.

50. Cette dernière règle n'a pas lieu pour les propositions incidentes, non-essentielles, ni pour les complémens non-essentiels, parce qu'ils ne sont point parties intégrantes du terme auquel ils se rapportent. Rendons ceci sensible par des exemples.

Phrase à proposition incidente, essentielle.

On dit que votre frère travaille.

Il faut dire : Cette phrase renferme deux propositions.

51. La première est : *On dit que votre frère*, etc.

Cette proposition est principale, non-absolue : elle est principale, parce qu'elle ne figure pas comme complément ; elle est non-absolue, parce qu'elle n'a pas par elle-même un sens complet. Le sujet est *on* : il est simple, parce qu'il n'exprime qu'un seul être, ou qu'il exprime des êtres pris collectivement ; il est incomplexe, parce qu'il n'a pas de complément. Le verbe est *est.* L'attribut est *disant que votre frère*, etc. : il est simple, parce qu'il n'exprime qu'une seule action ; il est complexe, parce qu'il a pour complément la proposition incidente, essentielle : *que votre frère travaille beaucoup*, qui restreint l'extension de l'idée générique exprimée par l'attribut *disant.*

52. La seconde proposition est : (*que*) *Votre frère travaille beaucoup.*

Cette proposition est incidente, essentielle : elle est incidente, parce qu'elle figure comme complément de l'idée générique exprimée par l'attribut *disant* ; elle est essentielle, parce qu'elle est partie intégrante de ce même attribut, et que par conséquent on ne peut la retrancher sans altérer le sens. Le sujet est *votre frère* : il est simple, parce qu'il n'exprime qu'un seul être ; il est complexe, parce qu'il a pour complément l'adjectif déterminatif *votre* qui restreint l'idée générique exprimée par le substantif *frère* : Le verbe est *est*. L'attribut est *travaillant beaucoup* : il est simple, parce qu'il n'exprime qu'une seule action; il est complexe, parce qu'il a pour complément l'adverbe de quantité *beaucoup* qui restreint l'idée générique exprimée par le participe *travaillant*.

Phrase à proposition incidente, non-essentielle.

Paul, qui est laborieux, sera récompensé.

Il faut dire : Cette phrase renferme deux propositions.

53. La première est : *Paul sera récompensé.*

Cette proposition est principale, absolue : elle est principale, parce qu'elle ne figure pas comme complément ; elle est absolue, parce qu'elle a par elle-même un sens complet. Le sujet est *Paul* : il est simple, parce qu'il n'exprime qu'un seul être ; il est complexe, parce qu'il a pour complément la proposition suivante. Le verbe est *sera*. L'attribut est *récompensé* : il est simple, parce qu'il n'exprime qu'une seule qualité ; il est incomplexe, parce qu'il n'a pas de complément.

54. La seconde proposition est : *Qui est laborieux.*

Cette proposition est incidente, non-essentielle : elle est incidente, parce qu'elle figure comme complément du sujet *Paul* ; elle est non-essentielle, parce qu'elle n'est pas partie intégrante du sujet *Paul* auquel elle se rapporte, et qu'on peut la retrancher sans altérer le sens. Le sujet est *qui* : il est simple, parce qu'il n'exprime qu'un seul être ; il est incomplexe, parce qu'il n'a pas de complément. Le verbe est *est*. L'attribut est *laborieux* : il est simple, parce qu'il n'exprime qu'une seule qualité ; il est incomplexe, parce qu'il n'a pas de complément.

55. La proposition, soit principale, soit incidente, peut être *directe*, *inverse*, *complète*, *elliptique*, *explétive*, ou *implicite*.

56. La proposition est *directe*, lorsque les parties dont elle est composée, sont dans l'ordre analytique de la pensée, lequel exige qu'on énonce d'abord le sujet et ses complémens, puis le verbe, ensuite l'attribut et les complémens qui s'y rapportent ; comme dans cette proposition : *L'écolier qui fait toujours ses devoirs avec soin, sera récompensé par ses maîtres.*

57. La proposition est *inverse*, lorsque cet ordre n'est pas gardé. C'est ce qui arrive généralement dans les langues synthétiques, telles que le Grec

et le Latin, où les désinences des mots font aisément reconnaître la place que chacun d'eux doit occuper, lorsqu'on veut rétablir l'ordre direct. La langue française elle-même, tout analytique qu'elle est, admet les propositions inverses: *Toujours d'un bon auteur la lecture profite.*

58. La proposition est *complète*, lorsque le sujet, le verbe et l'attribut sont exprimés : *Nos soldats sont courageux.*

59. La proposition est *elliptique*, lorsqu'un ou plusieurs des termes essentiels sont sous-entendus : *Étudiez vos leçons avec soin* ; où le sujet *vous* n'est pas exprimé.

60. Les propositions *interrogatives*, qu'on a quelquefois regardées comme des incidentes, formant une partie intégrante de l'attribut d'une proposition sous-entendue, ne doivent point être considérées sous ce point de vue; ainsi je ne crois pas que les propositions de la nature de celle-ci: *Qui nous a appelés*, dépendent de la principale *Je demande* sous-entendue. C'est une erreur de croire que le *qui* soit un pronom relatif; il équivaut simplement à *quelle personne*, c'est-à-dire, à un substantif précédé d'un *adjectif interrogatif.*

Voici de quelle manière il faut analyser ces propositions :

Qui nous a appelés ?

61. Cette proposition est principale, absolue: elle est principale, parce qu'elle ne figure pas comme complément ; elle est absolue, parce qu'elle a par elle-même un sens complet. Le sujet est *qui :* il est simple, parce qu'il n'exprime qu'un seul être ; il est incomplexe, parce qu'il n'a pas de complément. Le verbe est *a été*. L'attribut est *appelant nous :* il est simple, parce qu'il n'exprime qu'une seule action ; il est complexe, parce qu'il a pour complément le pronom *nous* qui restreint l'idée générique exprimée par le participe présent *appelant*.

62. La proposition est *explétive*, lorsqu'il y a quelque mot surabondant: *Je vous l'ai dit, à vous-même ;* où le pronom *vous* est mis une fois de trop.

63. On l'analyse ainsi : Cette proposition est principale, absolue : elle est principale, parce qu'elle ne figure pas comme complément ; elle est absolue, parce qu'elle a par elle-même un sens complet. Le sujet est *je :* il est simple, parce qu'il n'exprime qu'un seul être ; il est incomplexe, parce qu'il n'a pas de complément. Le verbe est *ai été*. L'attribut est : *vous le disant à vous-même :* il est simple, parce qu'il n'exprime qu'une action ; il est complexe, parce qu'il a pour complément les mots *le vous, à vous-même*, qui restreignent l'idée générique exprimée par le participe *disant ; vous* est répété par pléonasme.

64. La proposition est *implicite*, lorsque le sujet, le verbe et l'attribut sont entièrement sous-entendus : *Avez-vous vu le jeune homme que je vous ai adressé ? Oui. Vous a-t-il promis ce que vous lui avez demandé ? Non. Oui* et *Non* représentent chacun une proposition ; *oui* équivaut à *je l'ai vu ; non* répond à *il ne me l'a pas promis.*

Les interjections aussi équivalent à des propositions entières. On trouvera ci-après la manière d'analyser ces propositions.

65. Aux règles qui précédent je vais ajouter la manière d'analyser logiquement les façons de parler particulières à la langue française, autrement dites *gallicismes.* Je me bornerai à ce qui peut présenter des difficultés.

Il ne fait que chanter.

Tournez : *Il chante sans cesse.*

66. Cette proposition est principale, absolue : elle est principale, parce qu'elle ne figure pas comme complément ; elle est absolue, parce qu'elle a par elle-même un sens complet. Le sujet est *il* : il est simple, parce qu'il n'exprime qu'un seul être ; il est incomplexe, parce qu'il n'a pas de complément. Le verbe est *est.* L'attribut est *chantant sans cesse* : il est simple, parce qu'il n'exprime qu'une seule action ; il est complexe, parce qu'il a pour complément *sans cesse* qui restreint l'idée générique exprimée par le participe *chantant.*

Il ne fait que de sortir.

Tournez : *Il est sorti tout à l'heure.*

67. Cette proposition est principale, absolue : elle est principale, parce qu'elle ne figure pas comme complément ; elle est absolue, parce qu'elle a par elle-même un sens complet. Le sujet est *il* : il est simple, parce qu'il n'exprime qu'un seul être ; il est incomplexe, parce qu'il n'a pas de complément. Le verbe est *a été*. L'attribut est *sortant tout à l'heure* : il est simple, parce qu'il n'exprime qu'une seule action ; il est complexe, parce qu'il a pour complément *tout à l'heure*, qui restreint l'idée générique exprimée par le participe *sortant*.

C'est à vous que je m'adresse.

Tournez : *Je m'adresse à vous.*

68. Cette proposition est principale, absolue : elle est principale, parce qu'elle ne figure pas comme complément ; elle est absolue, parce qu'elle a par elle-même un sens complet. Le sujet est *je* : il est simple, parce qu'il n'exprime qu'un seul être ; il est incomplexe, parce qu'il n'a pas de complément. Le verbe est *suis*. L'attribut est *m'adressant à vous* : il est simple, parce qu'il n'exprime qu'une seule action ; il est complexe, parce qu'il a pour complément *me* et *à vous* qui restreignent l'idée générique exprimée par le participe *adressant*.

Je trouve peu rationnelle toute autre manière

d'analyser ces façons de parler, et quelques autres de la même nature. Il en est dont on peut rendre compte en les laissant telles qu'elles sont; par exemple : *Il ne fait que chanter; Il ne fait que de sortir, etc.* Mais comme j'ai aussi en vue d'être utile aux élèves qui étudient les langues synthétiques, je donne la tournure directe, dont ils profiteront dans l'occasion en écrivant en Latin ou en Grec. D'ailleurs les écoliers qui n'apprennent que la langue française ne perdront rien à savoir que cette proposition : *Il ne fait que de sortir*, doit rationnellement être remplacée par celle-ci : *Il est sorti tout à l'heure.* Quant aux phrases où se trouve l'unipersonnel *il faut*, on doit les analyser comme je le fais, si l'on veut épargner aux élèves le barbarisme *fallant*, que l'habitude finirait par leur faire regarder comme régulier.

C'est de vous que nous parlons.

Tournez : *Nous parlons de vous.*

69. Cette proposition est principale, absolue : elle est principale, parce qu'elle ne figure pas comme complément; elle est absolue, parce qu'elle a par elle-même un sens complet. Le sujet est *nous* : il est simple, parce qu'il exprime des êtres pris collectivement; il est incomplexe, parce qu'il n'a pas de complément. Le verbe est *sommes.* L'attribut est *parlant de vous* : il est simple, parce qu'il n'exprime qu'une seule action; il est com-

plexe, parce qu'il a pour complément *de vous* qui restreint l'idée générique exprimée par le participe *parlant*.

C'est ici que nous vous attendons.

Tournez : *Nous vous attendons ici.*

70. Cette proposition est principale, absolue: elle est principale, parce qu'elle ne figure pas comme complément ; elle est absolue, parce qu'elle a par elle-même un sens complet. Le sujet est *nous :* il est simple, parce qu'il exprime des êtres pris collectivement ; il est incomplexe, parce qu'il n'a pas de complément. Le verbe est *sommes*. L'attribut est *vous attendant ici :* il est simple, parce qu'il n'exprime qu'une seule action ; il est complexe, parce qu'il a pour complément *vous* et *ici* qui restreignent l'idée générique exprimée par le participe présent *attendant*.

On peut dire aussi :

Ce lieu est celui où nous vous attendons.

Cette phrase renferme deux propositions.

La première est : *Ce lieu est celui où*, *etc.*

71. Cette proposition est principale, non-absolue: elle est principale, parce qu'elle ne figure pas comme complément ; elle est non-absolue, parce qu'elle n'a pas par elle-même un sens complet. Le sujet est *ce lieu* : il est simple, parce qu'il n'exprime qu'un seul objet ; il est complexe, parce qu'il a pour complément l'adjectif déterminatif

ce qui restreint l'idée générique exprimée par le substantif *lieu*. Le verbe est *est*. L'attribut est *celui où*, etc : il est simple, parce qu'il n'exprime qu'une seule qualité ; il est complexe, parce qu'il a pour complément les mots *où nous vous attendons* qui restreignent l'idée générale exprimée par le pronom *celui*.

La seconde proposition est : *Où nous vous attendons*.

75. Cette proposition est incidente, essentielle : elle est incidente, parce qu'elle figure comme complément de l'idée générale exprimée par le pronom *celui* ; elle est essentielle, parce qu'elle est partie intégrante de ce même pronom ; et que par conséquent on ne peut la retrancher sans altérer le sens. Le sujet est *nous* : il est simple, parce qu'il exprime des êtres pris collectivement ; il est incomplexe, parce qu'il n'a pas de complément. Le verbe est *sommes*. L'attribut est *vous attendant où* : il est simple, parce qu'il n'exprime qu'une seule action ; il est complexe, parce qu'il a pour complément *vous* et *où* qui restreignent l'idée générique exprimée par le participe *attendant*.

C'est là que s'arrête notre ambition.

Tournez : *Notre ambition s'arrête là*.

73. Cette proposition est principale, absolue : elle est principale, parce qu'elle ne figure pas comme complément ; elle est absolue, parce qu'elle a par elle-même un sens complet. Le sujet est *notre*

ambition : il est simple, parce qu'il n'exprime qu'un seul objet; il est complexe, parce qu'il a pour complément l'adjectif *notre* qui restreint l'idée générique exprimée par le substantif *ambition*. Le verbe est *est*. L'attribut est *s'arrêtant là* : il est simple, parce qu'il n'exprime qu'une seule action; il est complexe, parce qu'il a pour complément *se* et *là* qui restreignent l'idée générique exprimée par le participe présent *arrêtant*.

74. Ces manières de parler : *C'est votre frère*, *c'est nous*, *c'est vous*, ne peuvent point s'analyser telles qu'elles sont; il faut les remplacer par une proposition équivalente, indiquée par la phrase qui précède ces expressions. Si l'on a, par exemple : *Qui est venu?* et qu'on réponde : *C'est votre frère*, *c'est nous*, *c'est vous*; ces propositions doivent se remplacer par celles-ci : *Votre frère est venu*, *nous sommes venus*, *vous êtes venus*, qu'on analyse comme celles qui précèdent.

C'est la vertu et le génie qui immortalisent l'homme.

Tournez : *La vertu et le génie immortalisent l'homme.*

75. Cette proposition est principale, absolue : elle est principale, parce qu'elle ne figure pas comme complément; elle est absolue, parce qu'elle a par elle-même un sens complet. Le sujet est *la vertu et le génie* : il est composé, parce qu'il exprime

des objets non pris collectivement ; il est incomplexe, parce qu'il n'a pas de complément. Le verbe est *sont*. L'attribut est *immortalisant l'homme* : il est simple, parce qu'il n'exprime qu'une seule action ; il est complexe, parce qu'il a pour complément *l'homme* qui restreint l'idée générique exprimée par le participe présent *immortalisant*.

On peut dire aussi :

La vertu et le génie sont ce qui immortalise l'homme.

Cette phrase renferme deux propositions.

La première est : *La vertu et le génie sont ce qui, etc.*

76. Cette proposition est principale, non-absolue : elle est principale, parce qu'elle ne figure pas comme complément ; elle est non-absolue, parce qu'elle n'a pas par elle-même un sens complet. Le sujet est *la vertu et le génie*, composé et incomplexe. Le verbe est *sont*. L'attribut est *ce qui, etc.* : il est simple, parce qu'il n'exprime qu'une seule qualité ; il est complexe, parce qu'il a pour complément la proposition suivante qui restreint l'idée générale exprimée par le pronom *ce*.

La seconde proposition est : *Qui immortalise l'homme*.

77. Cette proposition est incidente, essentielle : elle est incidente, parce qu'elle figure comme complément de l'idée générale exprimée par l'attri-

but *ce ;* elle est esssentielle , parce qu'elle est partie intégrante de ce même attribut, et que par conséquent on ne peut la retrancher sans altérer le sens. Le sujet est *qui* : il est simple, parce qu'il n'exprime qu'un seul objet; il est incomplexe, parce qu'il n'a pas de complément. Le verbe est *est.* L'attribut est *immortalisant l'homme* : il est simple et complexe.

Ce sont les enfans sages qu'on aime de préférence.

Tournez : *On aime de préférence les enfans sages.*

78. Cette proposition est principale, absolue : elle est principale, parce qu'elle ne figure pas comme complément ; elle est absolue, parce qu'elle a par elle-même un sens complet. Le sujet est *on :* il est simple, parce qu'il n'exprime qu'un seul être, ou qu'il exprime des êtres pris collectivement ; il est incomplexe, parce qu'il n'a pas de complément. Le verbe est *est.* L'attribut est *aimant de préférence les enfans sages :* il est simple, parce qu'il n'exprime qu'une seule action : il est complexe, parce qu'il a pour complément *de préférence* et *les enfans sages* qui restreignent l'idée générique exprimée par le participe présent *aimant.*

On peut dire aussi :

Les enfans sages sont ceux qu'on aime de préférence.

Cette phrase renferme deux propositions :

La première est : *Les enfans sages sont ceux que*, *etc.*

79. Cette proposition est principale, non-absolue : elle est principale, parce qu'elle ne figure pas comme complément ; elle est non-absolue, parce qu'elle n'a pas par elle-même un sens complet. Le sujet est *les enfans sages :* il est simple, parce qu'il exprime des êtres pris collectivement ; il est complexe, parce qu'il a pour complément l'adjectif *sages* qui restreint l'idée générique exprimée par le substantif *enfans*. Le verbe est *sont*. L'attribut est *ceux que*, *etc. :* il est simple, parce qu'il n'exprime qu'une seule qualité ; il est complexe, parce qu'il a pour complément la proposition suivante qui restreint l'idée générale exprimée par le pronom *ceux*.

La seconde proposition est : *Qu'on aime de préférence.*

80. Cette proposition est incidente, essentielle : elle est incidente, parce qu'elle figure comme complément de l'idée générale exprimée par l'attribut *ceux que*, *etc.* ; elle est essentielle, parce qu'elle est partie intégrante de ce même attribut. Le sujet est *on :* il est simple et incomplexe. Le verbe est *est*. L'attribut est *aimant que de préférence*, simple et complexe.

C'est un honneur de mourir pour la patrie.

Tournez : *Mourir pour la patrie est un honneur.*

81. Cette proposition est principale, absolue : elle est principale, parce qu'elle ne figure pas comme complément ; elle est absolue, parce qu'elle a par elle-même un sens complet. Le sujet est *mourir pour la patrie :* il est simple, parce qu'il n'exprime qu'une seule idée ; il est complexe, parce qu'il a pour complément les mots *pour la patrie* qui restreignent l'idée générique exprimée par l'infinitif mourir. Le verbe est *est.* L'attribut est *un honneur* : il est simple, parce qu'il n'exprime qu'une seule qualité ; il est complexe, parce qu'il n'a pas de complément.

On peut analyser aussi cette proposition de la manière suivante :

Cette proposition est principale, absolue : elle est principale, parce qu'elle ne figure pas comme complément ; elle est absolue, parce qu'elle a par elle-même un sens complet. Le sujet est *ce, mourir pour la patrie :* il est simple, parce qu'il n'exprime qu'un seul objet ; il est complexe, parce qu'il a pour complément les mots *mourir pour la patrie* qui restreignent l'idée générale exprimée par le pronom *ce.* Le verbe est *est.* L'attribut est *un honneur :* il est simple, n'exprimant qu'une seule qualité ; il est incomplexe, n'ayant pas de complément.

Il a beau dire.

82. Cette proposition ne peut point s'analyser telle qu'elle est; il faut aussi la remplacer par une autre proposition équivalente. D'ailleurs elle ne sera jamais une proposition principale. Elle ne se rencontre pas isolée. *Il a beau dire, nous partirons demain*, doit se tourner ainsi : *Nous partirons demain, quoi qu'il dise*, et s'analyser de cette manière :

Quoi qu'il dise.

83. Cette proposition est incidente, non-essentielle : elle est incidente, parce que, sans figurer comme complément d'un des termes de la proposition précédente, elle exprime un sens (nº 43.) qui sert d'explication à celui de la proposition principale; elle est non-essentielle, parce qu'elle peut être retranchée sans altérer le sens. Le sujet est *il* : il est simple, parce qu'il n'exprime qu'un seul être ; il est incomplexe, parce qu'il n'a pas de complément. Le verbe est *soit*. L'attribut est *disant quoi que* : il est simple, parce qu'il n'exprime qu'une seule action; il est complexe, parce qu'il a pour complément les mots *quoi que* ou *quelque chose que* qui restreignent l'idée générique exprimée par le participe présent *disant*.

Il me faut un livre.

84. On ne peut dire : *Un livre est fallant à moi*, parce que le verbe *il faut* n'a pas de parti-

cipe présent. Tournez : *J'ai besoin d'un livre* ; ou *Un livre est nécessaire à moi* ; propositions que l'on analyse comme à l'ordinaire.

Il faut étudier, il importe d'étudier.

85. Ces propositions se remplacent par les suivantes : *Étudier est nécessaire*, *étudier est important*, faciles à analyser.

Il faut que vous étudiiez.

Tournez : *Vous étudier est nécessaire.*

86. Cette proposition est principale, absolue. Le sujet est *vous étudier* : il est simple, parce qu'il n'exprime qu'une seule idée ; il est complexe, parce qu'il a pour complément *vous* qui restreint l'idée générique exprimée par le verbe *étudier*. Le verbe est *est*. L'attribut est *nécessaire* : il est simple et incomplexe, n'exprimant qu'une qualité, et n'ayant pas de complément.

Il y a un Dieu.

Tournez : *Un Dieu existe.*

87. Analysez comme à l'ordinaire.

SECONDE PARTIE.

Série d'Analyses appliquées aux règles.

EXERCICE I.

Le mérite est rare.

CETTE proposition est principale, absolue : elle est principale, parce qu'elle ne figure pas comme complément ; elle est absolue, parce qu'elle a par elle-même un sens complet. Le sujet est *le mérite :* il est simple, parce qu'il n'exprime qu'un seul objet ; il est incomplexe, parce qu'il n'a pas de complément. Le verbe est *est.* L'attribut est *rare :* il est simple, n'exprimant qu'une seule qualité ; il est incomplexe, parce qu'il n'a pas de complément.

Analysez de même :

L'innocence est timide. L'ignorance est vaine. Lire est utile. L'ignorance est présomptueuse. Le savant est estimé. César était éloquent. La charité est une vertu. L'homme est faible. Le sage est heureux. La faiblesse est un défaut. La bonté est séduisante. La flatterie est un mensonge. Feindre est tromper.

EXERCICE II.

Le menteur trompe.

Cette proposition est principale, absolue : elle est principale, parce qu'elle ne figure pas comme complément ; elle est absolue, exprimant par elle-même un sens complet. Le sujet est *le menteur :* il est simple, parce qu'il n'exprime qu'un seul objet ; il est incomplexe, n'ayant pas de complément. Le verbe est *est.* L'attribut est *trompant :* il est simple, n'exprimant qu'une seule action ; il est incomplexe, n'ayant pas de complément.

Analysez de même :

La vertu plaît. Le jour commence. Carthage succomba. Le tonnerre gronde. La grandeur éblouit. Le temps change. La bonté séduit. La douceur charme. Le temps fuit. La patience triomphe.

EXERCICE III.

Les arts sont utiles.

Cette proposition est principale, absolue : elle est principale, parce qu'elle ne figure pas comme complément ; elle est absolue, parce qu'elle a par elle-même un sens complet. Le sujet est *les arts :* il est simple, exprimant des objets pris collectivement ; il est incomplexe, n'ayant pas de complément. Le verbe est *sont.* L'attribut est *utiles :* il est simple, n'exprimant qu'une seule qualité; il est incomplexe, n'ayant pas de complément.

Analysez de même :

Les sages sont heureux. Les vertus sont aimables. Les hommes sont faibles. Les apparences sont trompeuses. Les passions sont aveugles. Les Français sont braves. Les élèves sont paresseux. Les enfans sont légers. Les savans sont recherchés. Les honneurs sont estimés. Les plaisirs sont perfides. Les méchans sont haïs.

Exercice IV.

Les récompenses encouragent.

Cette proposition est principale, absolue : elle est principale, parce qu'elle ne figure pas comme complément; elle est absolue, ayant par elle-même un sens complet. Le sujet est *les récompenses* : il est simple, exprimant des objets pris collectivement; il est incomplexe, n'ayant pas de complément. Le verbe est *sont*. L'attribut est *encourageant :* il est simple, parce qu'il n'exprime qu'une seule action; il est incomplexe, n'ayant pas de complément.

Analysez de même :

Les vertus plaisent. Les grandeurs éblouissent. Les menteurs trompent. Les laboureurs moissonnent. Les élèves étudient. Les maîtres instruisent. Les apparences trompent. Les talens plaisent. Les écoliers profitent. Les honneurs aveuglent. Les plaisirs nuisent.

EXERCICE V.

L'ignorance et la stupidité sont opiniâtres.

Cette proposition est principale, absolue : elle est principale, parce qu'elle ne figure pas comme complément ; elle est absolue, parce qu'elle a par elle-même un sens complet. Le sujet est *l'ignorance et la stupidité :* il est composé, parce qu'il exprime des objets non pris collectivement ; il est incomplexe, n'ayant pas de complément. Le verbe est *sont.* L'attribut est *opiniâtres :* il est simple, n'exprimant qu'une seule qualité ; il est incomplexe, n'ayant pas de complément.

Analysez de même :

Racine et Fénélon sont éloquens. Les savans et les artistes sont estimés. La vertu et le génie sont avantageux. Aristide et Epaminondas étaient justes. Miltiade et Aristide étaient admirés. Le mensonge et la fraude sont nuisibles. Le magistrat et l'officier sont utiles.

EXERCICE VI.

Les Français sont courageux et braves.

Cette proposition est principale, absolue : elle est principale, parce qu'elle ne figure pas comme complément ; elle est absolue, parce qu'elle a par elle-même un sens complet. Le sujet est les *Français :* il est simple, parce qu'il exprime des êtres pris collectivement ; il est incomplexe, n'ayant pas de complément. Le verbe est *sont.* L'attribut est *courageux et braves :* il est composé, parce qu'il exprime deux qualités ; il est incomplexe, parce qu'il n'a pas de complément.

Analysez de même :

Lire est utile et agréable. Les écoliers sont paresseux et dissipés. Aristide était admiré et estimé. Les méchans sont craints et détestés. César fut doux et humain. Tibère était fourbe et cruel. Réfléchir est sage et utile. La France est fertile et industrieuse. Le mérite est simple et modeste.

EXERCICE VII.

L'ignorance et la stupidité sont vaines et opiniâtres.

Cette proposition est principale, absolue : elle est principale, parce qu'elle ne figure pas comme complément ; elle est absolue, parce qu'elle a par elle-même un sens complet. Le sujet est *l'ignorance et la stupidité :* il est composé, parce qu'il exprime des objets non pris collectivement ; il est incomplexe, parce qu'il n'a pas de complément. Le verbe est *sont.* L'attribut est *vaines et opiniâtres :* il est composé, exprimant deux qualités ; il est incomplexe, parce qu'il n'a pas de complément.

Analysez de même :

Racine et Fénélon sont éloquens et persuasifs. César et Pompée étaient braves et éloquens. Les savans et les artistes sont estimés et recherchés. César et Auguste furent doux et humains. Miltiade et Aristide étaient admirés et estimés. Tibère et Néron étaient fourbes et cruels.

Exercice VIII.

L'homme sage est heureux.

Cette proposition est principale, absolue : elle est principale, parce qu'elle ne figure pas comme complément ; elle est absolue, parce qu'elle a par elle-même un sens complet. Le sujet est *l'homme sage :* il est simple, n'exprimant qu'un seul être ; il est complexe, parce qu'il a pour complément l'adjectif *sage* qui restreint l'idée générique exprimée par le substantif *homme.* Le verbe est

est. L'attribut est *heureux :* il est simple, n'exprimant qu'une seule qualité; il est incomplexe, n'ayant pas de complément.

Analysez de même :

La vertu obscure est méprisée. Aimer ses ennemis est louable. Les amis véritables sont rares. Les faux talens sont hardis. Le désir de plaire est naturel. Le désir de dominer est absurde. Agir avec réflexion est sage. L'amour des peuples est utile. Se défier de tout le monde est injuste. Les belles actions sont honorables.

EXERCICE IX.

La flatterie est une grande bassesse.

Cette proposition est principale, absolue : elle est principale, parce qu'elle ne figure pas comme complément; elle est absolue, parce qu'elle a par elle-même un sens complet. Le sujet est la *flatterie :* il est simple, parce qu'il n'exprime qu'un seul objet; il est incomplexe, parce qu'il n'a pas de complément. Le verbe est *est.* L'attribut est *une bassesse :* il est simple, n'exprimant qu'une seule qualité; il est complexe, ayant pour complément l'adjectif *grande* qui restreint l'idée générique exprimée par le substantif *bassesse.*

Analysez de même :

Racine était un poète digne d'éloge. La

vertu est la plus belle parure. L'oreille est le chemin du cœur. Les éloges sont dus à la vertu. Aristide était admiré de ses concitoyens. Aristide était ennemi du mensonge.

EXERCICE X.

L'amour des honneurs éloigne l'homme de la vertu.

Cette proposition est principale, absolue : elle est principale, parce qu'elle ne figure pas comme complément ; elle est absolue, parce qu'elle a par elle-même un sens complet. Le sujet est *l'amour des honneurs* : il est simple, n'exprimant qu'un seul objet ; il est complexe, ayant pour complément *des honneurs* qui restreint l'idée générique exprimée par le substantif *amour*. Le verbe est *est*. L'attribut est *éloignant l'homme de la vertu* : il est simple, n'exprimant qu'une seule action ; il est complexe, ayant pour complément les mots *l'homme*, *de la vertu*, qui restreignent l'idée générique exprimée par le participe *éloignant*.

Analysez de même :

Agir avec réflexion est le fait du sage. La sagesse de Dieu excite en nous la plus vive admiration. Se glorifier de ses fautes mérite d'être blâmé. Le sentiment intérieur de l'égalité naturelle est la source de la véritable politesse. Aimer ses ennemis est digne d'éloge.

L'amour des peuples est la plus sûre garde d'un empire. La simplicité affectée est une imposture délicate.

Exercice XI.

La sagesse et la puissance de Dieu sont infinies et dignes d'admiration.

Cette proposition est principale, absolue : elle est principale, parce qu'elle ne figure pas comme complément ; elle est absolue, parce qu'elle a par elle-même un sens complet. Le sujet est *la sagesse et la puissance de Dieu :* il est composé, parce qu'il exprime des objets non pris collectivement ; il est complexe, parce qu'il a pour complément *de Dieu* qui restreint les idées génériques exprimées par les substantifs *sagesse* et *puissance*. Le verbe est *sont*. L'attribut est *infinies et dignes d'admiration :* il est composé, parce qu'il exprime plusieurs qualités ; il est complexe, parce qu'il a pour complément *d'admiration* qui restreint l'idée générique exprimée par l'adjectif *dignes*.

Analysez de même :

Racine et Fénélon, écrivains français, sont éloquens et persuasifs dans leurs ouvrages. César et Pompée, généraux romains, étaient éloquens et toujours courageux. Les savans et les artistes de tous les pays sont estimés et recherchés par les personnes ca-

pables de les juger. L'amour des richesses et la soif des honneurs sont communs et peu louables.

EXERCICE XII.

Le hasard et la fortune ont pu faire des héros ; la vertu seule forme les grands hommes.

Cette phrase renferme deux propositions.

La première est *le hasard et la fortune ont pu faire des héros.*

Cette proposition est principale, absolue : elle est principale, parce qu'elle ne figure pas comme complément ; elle est absolue , parce qu'elle a par elle-même un sens complet. Le sujet est *le hasard et la fortune :* il est composé, exprimant des objets pris collectivement ; il est incomplexe, parce qu'il n'a pas de complément. Le verbe est *ont été*. L'attribut est *pouvant faire des héros :* il est simple, n'exprimant qu'une seule qualité; il est complexe, ayant pour complément les mots *faire des héros* qui restreignent l'idée générique exprimée par le participe *pouvant.*

La seconde proposition est : *La vertu seule forme les grands hommes.*

Cette proposition est principale, absolue : elle est principale, parce qu'elle ne figure pas comme complément; elle est absolue, parce qu'elle a par elle-même un sens complet. Le sujet est *la vertu :*

il est simple, n'exprimant qu'un seul objet; il est complexe, ayant pour complément l'adjectif *seule*. Le verbe est *est*. L'attribut est *formant les grands hommes* : il est simple, n'exprimant qu'une seule action; il est complexe, ayant pour complément les mots *les grands hommes* qui restreignent l'idée générique exprimée par le participe *formant*.

Analysez de même :

La raison supporte les disgrâces, le courage les combat. On console les indifférens, et l'on s'afflige avec un ami. Un magistrat intègre fait la guerre aux ennemis intérieurs, un brave officier fait la guerre aux ennemis extérieurs. Un homme sot est un reverbère ; la lumière passe à travers. Les grands besoins viennent des grands biens ; ils rendent la richesse égale à la pauvreté.

Exercice XIII.

Les passions, qui ont en elles tant de force, cèdent à l'ambition.

Cette phrase renferme deux propositions.

La première est : *Les passions cèdent à l'ambition.*

Cette proposition est principale, absolue : elle est principale, parce qu'elle ne figure pas comme complément; elle est absolue, parce qu'elle a par elle-même un sens complet. Le sujet est *les passions* : il est simple, exprimant des objets pris collectivement ; il est complexe, ayant pour complément la proposition suivante. Le verbe est *sont.* L'attribut est *cédant à l'ambition :* il est simple, n'exprimant qu'une seule action ; il est complexe, ayant pour complément *à l'ambition* qui restreint l'idée générique exprimée par le participe *cédant.*

La seconde proposition est : *Qui ont en elles tant de force.*

Cette proposition est incidente, non-essentielle : elle est incidente, parce qu'elle figure comme complément du sujet *passions* de la proposition précédente ; elle est non-essentielle, parce qu'elle n'est point partie intégrante de ce sujet, et qu'on peut la retrancher sans altérer le sens. Le sujet est *qui :* il est simple, exprimant des objets pris collectivement ; il est incomplexe, n'ayant pas de complément. Le verbe est *sont.* L'attribut est *ayant en elles tant de force :* il est simple, n'exprimant qu'une seule qualité ; il est complexe, ayant pour complément les mots *en elles tant de force* qui restreignent l'idée générique exprimée par le participe *ayant.*

Analysez de même :

La bonté, qui est une qualité précieuse, ne doit point dégénérer en faiblesse. Le temps, qui toujours change, ne nous a pas promis un bonheur sans mélange. Ulysse, qui fut roi d'Ithaque, était fin et rusé. La nature a fait l'homme compatissant, afin qu'il soit secourable.

EXERCICE XIV.

Les louanges que le cœur donne, sont précieuses.

Cette phrase renferme deux propositions.

La première est : *Les louanges que, etc. sont précieuses.*

Cette proposition est principale, non-absolue : elle est principale, parce qu'elle ne figure pas comme complément ; elle est non-absolue, parce qu'elle n'a pas par elle-même un sens complet. Le sujet est *les louanges que, etc.* : il est simple, exprimant des objets pris collectivement ; il est complexe, ayant pour complément la proposition *que le cœur donne* qui restreint l'idée générique exprimée par le substantif *louanges*. Le verbe est *sont*. L'attribut est *précieuses* : il est simple, n'exprimant qu'une seule qualité ; il est incomplexe, n'ayant pas de complément.

La seconde proposition est : *Que le cœur donne.*

Cette proposition est incidente, essentielle : elle est incidente, parce qu'elle figure comme complément du sujet de la première proposition ; elle est essentielle, parce qu'elle est partie intégrante de ce même sujet, et que par conséquent on ne peut la retrancher sans altérer le sens. Le sujet est *le cœur* : il est simple, n'exprimant qu'un seul objet ; il est incomplexe, n'ayant pas de complément. Le verbe est *est*. L'attribut est *donnant que* :

il est simple, n'exprimant qu'une seule action; il est complexe, ayant pour complément *que* qui restreint l'idée générique exprimée par le participe *donnant*.

Analysez de même :

Cicéron pensait que les lettres font le bonheur de l'homme. La sagesse est la seule chose dont la possession soit certaine. Celui qui a mérité des éloges, est encouragé par cela même à bien faire. Les belles actions ne peuvent illustrer, si elles n'ont pas la vertu pour cause. L'amitié disparaît, lorsque la défiance arrive. Dieu exige que nous pardonnions les injures que nous avons reçues. Les pensées les plus sublimes perdent leur prix, si elles sont mal exprimées. Votre frère chante aussi bien que vous (sous-entendu *chantez*). *Les pensées les plus belles sont celles qui exigent le moins de recherche. Un écrivain est accompli, lorsque ses ouvrages charment les hommes instruits.*

Exercice XV.

Phrase à trois propositions.

Les bienfaits sont le seul trésor qui s'accroisse, à mesure qu'on le partage.

Cette phrase renferme trois propositions.

La première est : *Les bienfaits sont le seul trésor qui, etc.*

Cette proposition est principale, non-absolue : elle est principale, parce qu'elle ne figure pas comme complément; elle est non-absolue, parce qu'elle n'a pas par elle-même un sens complet. Le sujet est *les bienfaits :* il est simple, parce qu'il exprime des objets pris collectivement; il est incomplexe, parce qu'il n'a pas de complément. Le verbe est *sont.* L'attribut est *le seul trésor qui, etc. :* il est simple, n'exprimant qu'une seule qualité ; il est complexe, parce qu'il a pour complément l'adjectif *seul* et la proposition suivante qui restreignent l'idée générique exprimée par le substantif *trésor.*

La seconde proposition est : *Qui s'accroisse.*

Cette proposition est incidente, essentielle : elle est incidente, parce qu'elle figure comme complément de l'attribut *trésor* de la première proposition ; elle est essentielle, parce qu'elle est partie intégrante de ce même attribut, et que par conséquent on ne peut la retrancher sans altérer le sens. Le sujet est *qui :* il est simple, n'exprimant qu'un seul objet; il est incomplexe, n'ayant pas de complément. Le verbe est *soit.* L'attribut est *s'accroissant :* il est simple, n'exprimant qu'une seule action ; il est complexe, ayant pour complément *s'* (pour *se*) qui restreint l'idée générique exprimée par le participe *accroissant.*

La troisième proposition est : *A mesure qu'on le partage.*

Cette proposition est incidente, essentielle :

elle est incidente, parce qu'elle exprime un sens (n° 43) qui sert d'explication à celui des propositions qui précèdent ; elle est essentielle, parce qu'elle est partie intégrante du sens de ces propositions, et qu'on ne peut la retrancher sans altérer le sens. Le sujet est *on* : il est simple, n'exprimant qu'un seul objet ; il est incomplexe, n'ayant pas de complément. Le verbe est *est*. L'attribut est *le partageant* : il est simple, n'exprimant qu'une seule action ; il est complexe, ayant pour complément *le* qui restreint l'idée générique exprimée par le participe *partageant*.

Analysez (*) :

Certains hommes traitent de taciturnes ceux qui ne sont pas aussi babillards qu'eux (sont babillards). *Ils s'imaginent qu'on ne doit pas penser autrement qu'eux* (pensent). *On a raison, quand on vous exhorte à vous appliquer sans relâche à l'étude, qui est si nécessaire. Vous verrez combien les sciences et les arts ont élevé les Français au-dessus des autres nations, quand vous lirez l'Histoire moderne. Les Américains, qui ont l'habitude de vivre dans les bois, sont plus*

(*) Les phrases que je vais donner, ne contiendront pas chacune trois propositions exactement de la même nature que celle qui précède. Les règles et les analyses déjà faites, serviront à les faire connaître. Cette observation s'applique aussi aux Exercices suivans.

robustes que nous (sommes robustes). *Le prince dont les soins embrassent la république entière, et qui exerce paisiblement une puissance salutaire, est chéri et respecté de ses sujets.*

EXERCICE XVI.

Phrases à quatre propositions.

Gonzalve, gouverneur de Milan, voulait se rendre maître d'un village, qui était entouré de murailles : cela fut cause qu'il envoya un officier à la tête de quelques troupes.

Cette phrase renferme quatre propositions.

La première est : *Gonzalve, gouverneur de Milan, voulait se rendre maître d'un village.*

Cette proposition est principale, absolue : elle est principale, parce qu'elle ne figure pas comme complément; elle est absolue, parce qu'elle a par elle-même un sens complet. Le sujet est *Gonzalve* : il est simple, n'exprimant qu'un seul être; il est complexe, ayant pour complément *gouverneur de Milan*. Le verbe est *était*. L'attribut est *voulant se rendre maître d'un village* : il est simple, n'exprimant qu'une seule action; il est complexe, ayant pour complément les mots *se rendre maître d'un village, qui, etc.* qui restreignent l'idée générique exprimée par le participe *voulant*.

La seconde proposition est : *Qui était entouré de murailles.*

Cette proposition est incidente, non-essentielle : elle est incidente, parce qu'elle figure comme complément de l'attribut de la proposition précédente ; elle est non-essentielle, parce qu'elle n'est point partie intégrante de cet attribut, et qu'on peut la retrancher sans altérer le sens. Le sujet est *qui :* il est simple, n'exprimant qu'un seul être ; il est incomplexe, n'ayant pas de complément. Le verbe est *était.* L'attribut est *entouré de murailles :* il est simple, n'exprimant qu'une seule qualité ; il est complexe, ayant pour complément *de murailles* qui restreint l'idée générique exprimée par le participe *entouré.*

La troisième proposition est : *Cela fut cause que*, *etc.*

Cette proposition est principale, non-absolue : elle est principale, parce qu'elle ne figure pas comme complément ; elle est non-absolue, parce qu'elle n'a pas par elle-même un sens complet. Le sujet est *cela :* il est simple, n'exprimant qu'un seul objet ; il est incomplexe, n'ayant point de complément. Le verbe est *fut.* L'attribut est *cause que*, *etc.* : il est simple, n'exprimant qu'une seule qualité ; il est complexe, parce qu'il a pour complément la proposition suivante qui restreint l'idée générique exprimée par le substantif *cause.*

La quatrième proposition est : *Qu'il envoya un officier à la tête de quelques troupes.*

Cette proposition est incidente, essentielle : elle est incidente, parce qu'elle figure comme complément de l'attribut *cause ;* elle est essentielle, parce qu'elle est partie intégrante de cet attribut, et qu'on ne peut la retrancher sans altérer le sens. Le sujet est *il :* il est simple, n'exprimant qu'un seul objet ; il est incomplexe, n'ayant pas de complément. Le verbe est *fut.* L'attribut est *envoyant un officier à la tête de quelques troupes :* il est simple, n'exprimant qu'une seule action ; il est complexe, ayant pour complément les mots *un officier à la tête de quelques troupes* qui restreignent l'idée générique exprimée par le participe *envoyant.*

Analysez :

Les habitans se retirèrent, et laissèrent dans le village environ vingt-cinq personnes, parmi lesquelles un berger, qui ne manquait pas d'esprit, restait avec sa femme. Il se hâta de fermer les portes, comme s'il avait eu le dessein de faire une vigoureuse résistance ; cependant un héraut de l'armée ennemie s'avança ; puis il somma les habitans de se rendre. Le petit nombre de gens qui étaient dans la place, s'enfuit par une poterne, et le berger, dont nous avons parlé, se trouva seul avec sa femme. Il donna audience au héraut ; il fit un traité de capitulation, dans lequel il stipula surtout que la ville serait épargnée.

EXERCICE XVII.

Inversion du sujet.

Le désir de plaire est la source d'où provient la véritable politesse.

Cette phrase renferme deux propositions.

La première est : *Le désir de plaire est la source d'où, etc.*

Cette proposition est principale, non-absolue: elle est principale, parce qu'elle ne figure pas comme complément; elle est non-absolue, parce qu'elle n'a pas par elle-même un sens complet. Le sujet est *le désir de plaire :* il est simple, n'exprimant qu'un seul objet; il est complexe, ayant pour complément *de plaire* qui restreint l'idée générique exprimée par le substantif *désir.* Le verbe est *est.* L'attribut est *la source d'où, etc.* : il est simple, n'exprimant qu'une seule qualité; il est complexe, ayant pour complément la proposition suivante qui restreint l'idée générique exprimée par le substantif *source.*

La seconde proposition est : *D'où provient la véritable politesse.*

Cette proposition est incidente, essentielle: elle est incidente, parce qu'elle figure comme complément de l'attribut *source* ; elle est essentielle, parce qu'elle est partie intégrante de cet attribut, et qu'on ne peut la retrancher sans altérer le sens. Le sujet est *la véritable politesse :*

il est simple, n'exprimant qu'un seul objet; il est complexe, ayant pour complément l'adjectif *véritable* qui restreint l'idée générique exprimée par le substantif *politesse*. Le verbe est *est*. L'attribut est *provenant d'où* : il est simple, n'exprimant qu'une seule qualité; il est complexe, ayant pour complément *d'où* qui restreint l'idée générique exprimée par le participe *provenant*.

Analysez :

L'amour de son peuple est le rempart le plus redoutable que puisse avoir un prince. Les conseils d'un véritable ami sont ceux que dictent la raison et l'honneur. Les égards que se doivent les hommes, sont le lien de la société. Là coulait une rivière où se formaient des îles bordées de hauts peupliers.

EXERCICE XVIII.

Inversion de l'attribut et du sujet.

Les plus grands vices du cœur sont l'ingratitude et la dissimulation.

Cette proposition est principale, absolue : elle est principale, parce qu'elle ne figure pas comme complément; elle est absolue, parce qu'elle a par elle-même un sens complet. Le sujet est *l'ingratitude et la dissimulation* : il est composé, exprimant des objets non pris collectivement; il est incomplexe, n'ayant pas de complément. Le verbe est *sont.* L'attribut est *les plus grands vices du cœur :* il est simple, n'exprimant qu'une seule qualité; il est complexe, ayant pour complément les mots *les plus grands* et *du cœur* qui restreignent l'idée générique exprimée par le substantif *vices.*

Analysez :

Tel est l'empire qu'exercent les passions : elles subjuguent quelquefois les hommes les plus sages. La meilleure manière de se venger est de mépriser les injures. Le plus sûr moyen d'être aimé est de faire du bien aux hommes. La première pensée d'un roi doit être le bonheur de son peuple. Le premier devoir d'un magistrat est de ne point commettre d'injustice.

EXERCICE XIX.

Inversion du complément du sujet.

Des passions la trop longue habitude se
change malgré nous en servitude.

Cette proposition est principale, absolue : elle est principale, parce qu'elle ne figure pas comme complément ; elle est absolue, parce qu'elle a par elle-même un sens complet. Le sujet est : *La trop longue habitude des passions :* il est simple, n'exprimant qu'un seul objet; il est complexe, ayant pour complément les mots *la trop longue* et *des passions* qui restreignent l'idée générique exprimée par le substantif *habitude*. Le verbe est *est*. L'attribut est *se changeant malgré nous en habitude*: il est simple, n'exprimant qu'une seule action ; il est complexe, ayant pour complément les mots *se* et *malgré nous en habitude* qui restreignent l'idée générique exprimée par le participe *changeant*.

Analysez :

Des esprits médiocres la malice est extrême. D'un service attendu la flatteuse espérance fait porter les soins à l'excès. De nos noms un léger souvenir se conserve à peine parmi les hommes. Des siècles où nous vivons, la contagion est dangereuse pour la jeunesse. Toujours d'un bon auteur la lecture est utile. Souples et adroits, les faux talens sont hardis, effrontés. Ami du bien, le véritable esprit marche avec la bonté. D'un bonheur assuré l'espérance est bien douce. Armé de son bouclier, le soldat marchait sans crainte au combat.

—

EXERCICE XX.

Inversion du complément de l'attribut.

L'amour de la louange et l'imbécile orgueil,
de la faible raison sont l'ordinaire écueil.

Cette proposition est principale, absolue : elle est principale, parce qu'elle ne figure pas comme complément; elle est absolue, parce qu'elle a par elle-même un sens complet. Le sujet est *l'amour de la louange et l'orgueil :* il est composé, exprimant des objets non pris collectivement ; il est complexe, parce qu'il a pour complément *de la louange* qui restreint l'idée générique exprimée par le substantif *amour*, et l'adjectif *imbécile* qui qualifie le substantif *orgueil.* Le verbe est *sont.* L'attribut est *l'ordinaire écueil de la faible raison :* il est simple, n'exprimant qu'une seule qualité; il est complexe, ayant pour complément les mots *ordinaire* et *de la faible raison* qui restreignent l'idée générique exprimée par le substantif *écueil.*

Analysez :

La vertu d'un noble cœur est la marque certaine. La faiblesse aux humains n'est que trop naturelle. La reconnaissance est du souvenir le plus noble attribut. Souvent un outrage enduré avec prudence aux honneurs les plus hauts a servi de degré. Une trop grande précipitation à l'erreur nous expose. Par d'illustres efforts les grands cœurs se font connaître.

EXERCICE XXI.

Ellipse du sujet.

Aimez à secourir les pauvres.

Cette proposition est principale, absolue, et elliptique : elle est principale, parce qu'elle ne figure pas comme complément; elle est absolue, parce qu'elle a par elle-même un sens complet; elle est elliptique, parce que le sujet est sous-entendu. Le sujet est *vous :* il est simple, parce qu'il n'exprime qu'un seul être, ou qu'il exprime des êtres pris collectivement; il est incomplexe, n'ayant pas de complément. Le verbe est *soyez.* L'attribut est *aimant à secourir les pauvres :* il est simple, n'exprimant qu'une seule action; il est complexe, ayant pour complément les mots *à secourir les pauvres* qui restreignent l'idée générique exprimée par le participe *aimant.*

Analysez :

Soulagez la vertu malheureuse. Qui sait borner ses désirs, est toujours riche. Qui meurt pour son roi, meurt toujours avec gloire. Faisons notre devoir. N'aimez pas qu'on vous loue. Travaillez avec soin. Allez à la promenade, et revenez bientôt. Allez au jardin chercher des fleurs.

Exercice XXII.

Ellipse du verbe.

Heureux l'homme des champs !

Cette proposition est principale, absolue, et elliptique : elle est principale, parce qu'elle ne figure pas comme complément ; elle est absolue, ayant par elle-même un sens complet ; elle est elliptique, parce que le verbe est sous-entendu. Le sujet est *l'homme des champs :* il est simple, n'exprimant qu'un seul objet ; il est complexe, ayant pour complément *des champs* qui restreint l'idée générique exprimée par le substantif *homme.* Le verbe est *est.* L'attribut est *heureux :* il est simple, n'exprimant qu'une seule qualité ; il est incomplexe, n'ayant pas de complément.

Analysez :

Heureux celui qui vit à la campagne ! Heureux celui qui voit une terre étrangère dans le village voisin ! La complaisance nous fait des amis, et la vérité, des ennemis. Malheureux celui qui écoute ses passions ! Heureux l'homme qui vit loin du monde ! Le mérite est modeste, et l'ignorance, pleine d'orgueil.

EXERCICE XXIII.

Ellipse de l'attribut

Ce sage vieillard était d'une éloquence persuasive.

Cette proposition est principale, absolue, et elliptique : elle est principale, parce qu'elle ne figure pas comme complément ; elle est absolue, parce qu'elle a par elle-même un sens complet ; elle est elliptique, parce que l'attribut est sous-entendu. Le sujet est *ce vieillard :* il est simple, n'exprimant qu'un seul objet ; il est complexe, ayant pour complément le mot *sage* et l'adjectif déterminatif *ce* qui restreint l'idée générique exprimée par le substantif *vieillard.* Le verbe est *était.* L'attribut est *doué d'une éloquence persuasive :* il est simple, n'exprimant qu'une seule qualité ; il est complexe, ayant pour complément les mots *d'une éloquence persuasive* qui restreignent l'idée générique exprimée par l'adjectif *doué.*

Analysez :

Errer est d'un mortel (le fait). *Les pyramides d'Egypte sont près du Caire* (situées). *Les grâces sont de tous les âges* (l'apanage). *La ville est en cendres* (réduite). *Se glorifier de ses erreurs est d'un sot* (le fait). *La mer Caspienne est en Asie* (située). *Se vaincre est d'un héros* (le fait). *Parler avec modestie est d'un homme de mérite* (le fait). *Obéir est d'un enfant* (le devoir). *Traiter ses sujets avec justice est d'un roi* (le devoir).

Exercice XXIV.

Ellipse du verbe et de l'attribut.

Mon frère est aussi grand que le vôtre.

Cette phrase renferme deux propositions.

La première est : *Mon frère est aussi grand que, etc.*

Cette proposition est principale, non-absolue : elle est principale, parce qu'elle ne figure pas comme complément ; elle est non-absolue, parce qu'elle n'a pas par elle-même un sens complet. Le sujet est *mon frère* : il est simple, n'exprimant qu'un seul objet ; il est complexe, ayant pour complément l'adjectif *mon* qui restreint l'idée générique exprimée par le substantif *frère*. Le verbe est *est*. L'attribut est *aussi grand que, etc.* : il est simple, n'exprimant qu'une seule qualité ; il est complexe, ayant pour complément les mots *aussi, que, etc.* qui restreignent l'idée générique exprimée par l'adjectif *grand*.

La seconde proposition est : *Que le vôtre.*

Cette proposition est incidente, essentielle, et elliptique : elle est incidente, parce qu'elle figure comme complément de l'attribut *grand ;* elle est essentielle, parce qu'elle est partie intégrante de cet attribut, et qu'on ne peut la retrancher sans altérer le sens; elle est elliptique, parce que le verbe et l'attribut sont sous-entendus. Le sujet est *le vôtre :* il est simple, n'exprimant qu'un seul objet; il est incomplexe, n'ayant pas de complément. Le verbe est *est.* L'attribut est *que grand :* il est simple, n'exprimant qu'une seule qualité; il est complexe, ayant pour complément *que* qui restreint l'idée générique exprimée par l'adjectif *grand.*

Analysez :

Tout passe comme un songe. Votre frère est plus savant que vous. Les Français sont aussi courageux que les autres peuples. Rien n'est plus odieux qu'un ingrat. Le bonheur, de même que la vertu, vient de Dieu. Il est plus savant que votre frère. La fortune, de même que les dignités, rend l'homme orgueilleux. Les ouvrages des hommes sont fragiles comme eux. L'ignorance vaut mieux qu'un savoir affecté.

EXERCICE XXV.

Ellipse du sujet, du verbe et de l'attribut.

Quand viendrez-vous me voir? Demain.

Cette phrase renferme deux propositions.

La première est : *Quand viendrez-vous me voir?*

Cette proposition est principale, absolue : elle

est principale, parce qu'elle ne figure pas comme complément ; elle est absolue, parce qu'elle a par elle-même un sens complet. Le sujet est *vous :* il est simple, n'exprimant qu'un seul objet ; il est incomplexe, n'ayant pas de complément. Le verbe est *serez.* L'attribut est *venant me voir quand* (pour *quel jour*) : il est simple, n'exprimant qu'une seule action ; il est complexe, ayant pour complément les mots *me voir quand* qui restreignent l'idée générique exprimée par le participe *venant.*

La seconde proposition est : *Demain.*

Cette proposition est incidente, non-essentielle, et elliptique : elle est incidente, parce que sans figurer comme complément d'un des termes de la proposition précédente, elle exprime un sens qui sert d'explication à celui de cette proposition ; elle est non-essentielle, parce qu'elle n'est point partie intégrante du sens total de la proposition principale (n.° 43.), et qu'on peut la retrancher sans altérer le sens ; elle est elliptique, parce que le sujet, le verbe et l'attribut sont sous-entendus. Le sujet est *je :* il est simple, n'exprimant qu'un seul être ; il est incomplexe, n'ayant pas de complément. Le verbe est *serai.* L'attribut est *venant vous voir demain :* il est simple, n'exprimant qu'une seule action ; il est complexe, ayant pour complément les mots *vous voir demain* qui restreignent l'idée générique exprimée par le participe *venant.*

Analysez :

Dieu a donné l'intelligence à l'homme, *et* (il a donné) *l'instinct aux animaux. Un conquérant ruine autant son peuple que* (il ruine) *les nations qu'il a vaincues. Les Grecs cultivèrent la poésie*, *ainsi que* (ils cultivèrent) *les autres arts. Accordons notre confiance à nos amis*, (accordons) *notre estime aux gens de bien. Nous nous pardonnons tout*, *et* (nous ne pardonnons) *rien aux autres.*

EXERCICE XXVI.

Sujet employé par pléonasme.

Moi, j'irais les voir !

Cette proposition est principale, absolue : elle est principale, parce qu'elle ne figure pas comme complément; elle est absolue, parce qu'elle a par elle-même un sens complet. Le sujet est *moi*, *je* répété par pléonasme : il est simple, n'exprimant qu'un seul être; il est incomplexe, n'ayant pas de complément. Le verbe est *serais*. L'attribut est *allant les voir* : il est simple, n'exprimant qu'une seule action; il est complexe, ayant pour complément les mots *les voir* qui restreignent l'idée générique exprimée par le participe *allant*.

Analysez :

Je serais esclave, moi, qui suis né pour commander ! Vous encouragerez le mérite, vous, qui en avez tant. Moi, je viendrai demain ; lui, il viendra jeudi. Comment ose-t-il se donner pour bienfaisant, lui qui n'a pas de sensibilité ? Vous n'êtes pas son ami, vous, qui n'avez pas pris sa défense. Vous qui êtes né dans le nord, vous devez trouver nos pays trop chauds. Pourrait-il ne pas vous faire ce plaisir, lui pour qui vous avez eu tant de complaisance ?

EXERCICE XXVII.

Autre sujet employé par pléonasme.

La seule chose dont la possession soit certaine, c'est la sagesse.

Cette phrase renferme deux propositions.

La première est : *Ce, la sagesse est la seule chose dont*, etc.

Cette proposition est principale, absolue : elle est principale, parce qu'elle ne figure pas comme complément ; elle est absolue, parce qu'elle a par elle-même un sens complet. Le sujet est *ce*, *la sagesse*, répété par pléonasme : il est simple, n'exprimant qu'un seul objet ; il est incomplexe, n'ayant pas de complément. Le verbe est *est*. L'attribut est *la seule chose dont*, *etc.* : il est simple, n'exprimant qu'une seule qualité ; il est complexe, ayant pour complément l'adjectif *seule* et la proposition suivante qui restreignent l'idée générique exprimée par le substantif *chose.*

La seconde proposition est : *Dont la possession soit certaine.*

Cette proposition est incidente, essentielle : elle est incidente, parce qu'elle figure comme complément de l'attribut *chose ;* elle est essentielle, parce qu'elle est partie intégrante de cet attribut, et qu'on ne peut la retrancher sans altérer le sens. Le sujet est *dont la possession :* il est simple, n'exprimant qu'un seul objet ; il est complexe, ayant pour complément *dont* qui restreint l'idée générique exprimée par le substantif *possession.* Le verbe est *soit.* L'attribut est *certaine:* il est simple, n'exprimant qu'une seule qualité ; il est incomplexe, n'ayant pas de complément.

Analysez de même :

La véritable richesse, c'est la vertu. Ce qui me fait plaisir, c'est l'application de votre fils. Ce qu'on admire dans certains auteurs, c'est un style élégant et correct. Le vice qui dégrade le plus l'ame, c'est l'ingratitude. Ce que nous devons rechercher, c'est l'estime des gens de bien. L'avantage dont on doit le moins se glorifier, c'est la naissance. Le plus brillant de tous les astres, c'est le soleil. La principale qualité qui distingue la langue française, c'est la clarté.

EXERCICE XXVIII.

Partie de l'attribut employée par pléonasme.

Il nous aime , nous , qui lui avons fait du bien.

Cette phrase renferme deux propositions.

La première est : *Il nous aime, nous.*

Cette proposition est principale, absolue : elle est principale, parce qu'elle ne figure pas comme complément ; elle est absolue, parce qu'elle a par elle-même un sens complet. Le sujet est *il :* il est simple, n'exprimant qu'un seul objet ; il est incomplexe, n'ayant pas de complément. Le verbe est *est.* L'attribut est *aimant nous nous :* il est simple, n'exprimant qu'une seule action ; il est complexe, ayant pour complément *nous nous*, répété par pléonasme, qui restreint l'idée générique exprimée par le participe *aimant.*

La seconde proposition est : *Qui lui avons fait du bien.*

Cette proposition est incidente, non-essentielle : elle est incidente, parce qu'elle figure comme complément du pronom *nous* partie de l'attribut de la proposition précédente ; elle est non-essentielle, parce qu'elle n'est point partie intégrante de cette partie d'attribut, et qu'on peut la retrancher sans altérer le sens. Le sujet est *qui :* il est simple, exprimant des êtres pris collectivement ; il est incomplexe, n'ayant pas de complément. Le verbe est *avons été*. L'attribut est *faisant du bien à lui :* il est simple, n'exprimant qu'une seule action ; il est complexe, ayant pour complément les mots *du bien à lui* qui restreignent l'idée générique exprimée par le participe *faisant*.

Analysez de même :

Les Dieux le protégent, lui, qui s'est toujours montré si bienfaisant. Qui lui a reproché, à lui, d'être ignorant ? Ils nous calomnient, nous, qui les avons toujours aimés. Je vous ai dit, à vous, que vous avez besoin de travailler. Tout le monde l'a secouru, lui, qui est si généreux. Il vous abandonne, vous, qui lui avez rendu de nombreux services. Que me font, à moi, des reproches qui ne me regardent pas ? Que voulez-vous lui dire, à lui, qui vient de travailler ?

EXERCICE XXIX.

Propositions implicites.

Ah ! que de plaisir j'éprouve à vous revoir !

Cette phrase renferme deux propositions.

La première est : *Ah !*

Cette proposition est principale, absolue, et implicite : elle est principale, parce qu'elle ne figure pas comme complément ; elle est absolue, parce qu'elle a par elle-même un sens complet ; elle est implicite, parce que le sujet, le verbe et l'attribut sont entièrement sous-entendus : elle équivaut à celle-ci : *Je suis charmé.* Le sujet est *je :* il est simple, n'exprimant qu'un seul objet ; il est incomplexe, n'ayant pas de complément. Le verbe est *suis.* L'attribut est *charmé :* il est simple, n'exprimant qu'une seule qualité ; il est incomplexe, n'ayant pas de complément.

La seconde proposition est : *Que de plaisir j'éprouve à vous revoir.*

Cette proposition est principale, absolue : elle est principale, parce qu'elle ne figure pas comme complément ; elle est absolue, parce qu'elle a par elle-même un sens complet. Le sujet est *je :* il est simple, n'exprimant qu'un seul objet ; il est incomplexe, n'ayant pas de complément. Le verbe est *suis.* L'attribut est *éprouvant que* (pour *combien*) *de plaisir à vous revoir :* il est simple, n'exprimant qu'une seule action ; il est complexe, parce qu'il a pour complément les mots *que de plaisir à vous revoir* qui restreignent l'idée générique exprimée par le participe *éprouvant.*

Analysez :

Oh ! (je suis ravi) *Ma joie est à son comble. Oh !* (je suis ravi) *Que cette nouvelle me fait plaisir ! Ah !* (je suis surpris) *Que cette nouvelle est étonnante ! Ah !* (je suis charmé) *Que je suis content de vous voir !*

Ah ! (je suis surpris) *Que l'homme sensible a de jouissances inconnues à celui qui est indifférent ! Oh !* (je suis étonné) *Je ne vous croyais pas ici. Oui* (j'en suis certain), *vous viendrez nous voir à la campagne. Non* (je ne le crois pas), *vous ne négligerez pas le devoir donné par le maître.*

EXERCICE XXX.

Analyses sur les Gallicismes.

Ce sont les Egyptiens qui ont inventé l'arithmétique.

Tournez : *Les Egyptiens ont inventé l'arithmétique.*

Cette proposition est principale, absolue : elle est principale, parce qu'elle ne figure pas comme complément ; elle est absolue, parce qu'elle a par elle-même un sens complet. Le sujet est *les Egyptiens :* il est simple, exprimant des êtres pris collectivement ; il est incomplexe, n'ayant pas de complément. Le verbe est *ont été.* L'attribut est *inventant l'arithmétique :* il est simple, n'exprimant qu'une seule action ; il est complexe, ayant pour complément le substantif *arithmétique* qui restreint l'idée générique exprimée par le participe *inventant.*

C'est à Dieu que nous devons les avantages dont nous jouissons.

Tournez : *Nous devons à Dieu les avantages dont nous jouissons.*

Cette phrase renferme deux propositions.

La première est : *Nous devons à Dieu les avantages dont*, etc.

Cette proposition est principale, non-absolue : elle est principale, parce qu'elle ne figure pas comme complément ; elle est non-absolue, parce qu'elle n'a pas par elle-même un sens complet. Le sujet est *nous :* il est simple, exprimant des êtres pris collectivement ; il est incomplexe, n'ayant pas de complément. Le verbe est *sommes.* L'attribut est *devant à Dieu les avantages dont, etc :* il est simple, n'exprimant qu'une seule action ; il est complexe, ayant pour complément les mots *à Dieu, les avantages*, et la proposition suivante, qui restreignent l'idée générique exprimée par le participe *devant.*

La seconde proposition est : *Dont nous jouissons.*

Cette proposition est incidente, essentielle : elle est incidente, parce qu'elle figure comme complément de l'attribut de la proposition principale ; elle est eossentielle, parce qu'elle est partie intégrante de cet attribut, et qu'on ne peut la retrancher sans altérer le sens. Le sujet est *nous :* il est simple, exprimant des êtres pris collectivement ; il est incomplexe, n'ayant pas de complément. Le verbe est *sommes*. L'attribut est *jouissant dont* : il est simple, n'exprimant qu'une seule action ; il est complexe, ayant pour complément *dont* qui restreint l'idée générique exprimée par le participe *jouissant*.

C'est dans le creuset qu'on éprouve l'or ; c'est dans l'adversité qu'on reconnaît l'ami véritable.

Tournez : *On éprouve l'or dans le creuset ; on reconnaît l'ami véritable dans l'adversité.*

Cette phrase renferme deux propositions.

La première est : *On éprouve l'or dans le creuset.*

Cette proposition est principale, absolue : elle est principale, parce qu'elle ne figure pas comme complément ; elle est absolue, parce qu'elle a par elle-même un sens complet. Le sujet est *on* : il est simple, n'exprimant qu'un seul être, en exprimant des êtres pris collectivement ; il est incomplexe, n'ayant pas de complément. Le verbe est *est*. L'attribut est *éprouvant l'or dans le creuset* : il est simple, n'exprimant qu'une seule action ; il est complexe, ayant pour complément les mots *l'or* et *dans le creuset* qui restreignent l'idée générique exprimée par le participe *éprouvant*.

La seconde proposition est : *On reconnaît l'ami véritable dans l'adversité.*

Cette proposition est principale, absolue : elle est principale, parce qu'elle ne figure pas comme complément ; elle est absolue, parce qu'elle a par elle-même un sens complet. Le sujet est *on :* il est simple, n'exprimant qu'un seul être, ou exprimant des êtres pris collectivement ; il est incomplexe, n'ayant pas de complément. Le verbe est *est.* L'attribut est *reconnaissant l'ami véritable dans l'adversité :* il est simple, n'exprimant qu'une seule action ; il est complexe, ayant pour complément les mots *l'ami véritable dans l'adversité* qui restreignent l'idée générique exprimée par le participe *reconnaissant.*

C'est des Italiens que nous avons reçu la boussole.

Tournez : *Nous avons reçu la boussole, des Italiens.*

Cette proposition est principale, absolue : elle est principale, parce qu'elle ne figure pas comme complément ; elle est absolue, parce qu'elle a par elle-même un sens complet. Le sujet est *nous :* il est simple, exprimant des objets pris collectivement ; il est incomplexe, n'ayant pas de complément. Le verbe est *avons été.* L'attribut est *recevant la boussole, des Italiens :* il est simple, n'exprimant qu'une seule action ; il est complexe, ayant pour complément les mots *la boussole* et *des Italiens* qui restreignent l'idée générique exprimée par le participe *recevant.*

C'est à Jenner qu'est due la découverte de la vaccine.

Tournez : *La découverte de la vaccine est due à Jenner.*

Cette proposition est principale, absolue : elle est principale, parce qu'elle ne figure pas comme complément ; elle est absolue, parce qu'elle a par elle-même un sens complet. Le sujet est *la découverte de la vaccine :* il est simple, n'exprimant qu'un seul objet ; il est complexe, ayant pour complément *de la vaccine* qui restreint l'idée générique exprimée par le substantif *découverte.* Le verbe est *est.* L'attribut est *due à Jenner :* il est simple, n'exprimant qu'une seule qualité ; il est complexe, ayant pour complément *à Jenner* qui restreint l'idée générique exprimée par le participe *due.*

C'est dans l'Amérique méridionale que se trouvent les plus riches mines d'or et d'argent.

Tournez : *Les plus riches mines d'or et d'argent se trouvent dans l'Amérique méridionale.*

Cette proposition est principale, absolue : elle est principale, parce qu'elle ne figure pas comme complément ; elle est absolue, parce qu'elle a par elle-même un sens complet. Le sujet est *les plus riches mines d'or et d'argent :* il est simple, exprimant des objets pris collectivement ; il est complexe, ayant pour complément les mots *les plus riches*, *d'or et d'argent* qui restreignent l'idée générique exprimée par le substantif *mines.* Le verbe est *sont.* L'attribut est *se trouvant dans l'Amérique méridionale :* il est simple, n'exprimant qu'une seule qualité ; il est complexe, ayant pour complément *se* et *dans l'Amérique méridionale* qui restreignent l'idée générique exprimée par le participe *trouvant.*

Analysez :

Ce sont les richesses qui engendrent la mollesse. C'est dans la retraite que le sage jouit de lui-même. C'est de la Grèce que la poésie a passé en Italie. Ce sont les Anglais qui ont la plus formidable marine. C'est au mérite que les récompenses et les honneurs sont dus. C'est en Asie que les plus grands empires du monde furent fondés. C'est en Asie aussi que les révolutions les plus mémorables ont eu lieu.

EXERCICE XXXI.

Autres Analyses sur les Gallicismes.

Il est un Dieu.

Tournez : *Un Dieu existe.*

Cette proposition est principale, absolue : elle est principale, parce qu'elle ne figure pas comme complément; elle est absolue, parce qu'elle a par elle-même un sens complet. Le sujet est *un Dieu :* il est simple, n'exprimant qu'un seul être; il est incomplexe, n'ayant pas de complément. Le verbe est *est.* L'attribut est *existant :* il est simple, n'exprimant qu'une seule qualité; il est incomplexe, n'ayant pas de complément.

On peut aussi tourner de la manière suivante : *Ce*, *un Dieu*, *existe* ; proposition dans laquelle les mots *un Dieu* figurent comme complément essentiel du pronom *ce* dont ils restreignent l'idée générale.

Si l'on adopte cette méthode, il faut l'employer toutes les fois que l'on rencontre *il* devant un verbe unipersonnel, ou pris unipersonnellement ; après quoi l'on peut reprendre les mêmes propositions, et les analyser conformément à la manière que j'ai suivie.

Il faut un grand courage pour supporter les injustices.

Tournez : *Un grand courage est nécessaire pour supporter les injustices.*

Cette proposition est principale, absolue : elle est principale, parce qu'elle ne figure pas comme complément ; elle est absolue, parce qu'elle a par elle-même un sens complet. Le sujet est *un grand courage :* il est simple, n'exprimant qu'un seul objet ; il est complexe, ayant pour complément l'adjectif *grand* qui restreint l'idée générique exprimée par le substantif *courage*. Le verbe est *est*. L'attribut est *nécessaire pour supporter les injustices :* il est simple, n'exprimant qu'une seule qualité ; il est complexe, ayant pour complément les mots *pour supporter les injustices* qui restreignent l'idée générique exprimée par l'adjectif *nécessaire*.

Il importe de faire la guerre aux vices.

Tournez : *Faire la guerre aux vices est important.*

Cette proposition est principale, absolue : elle est principale, parce qu'elle ne figure pas comme complément ; elle est absolue, parce qu'elle a par elle-même un sens complet. Le sujet est *faire la guerre aux vices :* il est simple, n'exprimant qu'une seule idée ; il est complexe, ayant pour complément les mots *la guerre aux vices* qui restreignent l'idée générique exprimée par le verbe *faire*. Le verbe est *est*. L'attribut est *important :* il est simple, n'exprimant qu'une seule qualité ; il est incomplexe, n'ayant pas de complément.

Il est rare que les sots rendent justice au mérite.

Tournez : *Les sots rendre justice au mérite est rare.*

Cette proposition est principale, absolue : elle est principale, parce qu'elle ne figure pas comme complément ; elle est absolue, parce qu'elle a par elle-même un sens complet. Le sujet est *les sots rendre justice au mérite :* il est simple, parce qu'il n'exprime qu'une seule idée; il est complexe, parce qu'il a pour complément les mots *les sots* et *justice au mérite* qui restreignent l'idée générique exprimée par l'infinitif *rendre*. Le verbe est *est*. L'attribut est *rare :* il est simple, n'exprimant qu'une seule qualité ; il est incomplexe, n'ayant pas de complément.

On peut encore tourner ainsi : *Ce, que les sots rendent justice au mérite, est rare.* Alors on conserve les deux propositions : la première est principale, non-absolue ; et la seconde, *que les sots rendent justice au mérite*, est incidente, essentielle, et figure comme complément essentiel du pronom *ce* dont elle restreint l'idée générale.

Analysez :

Il importe aux princes de repousser leurs ennemis par la force. Il est glorieux de mourir pour la patrie. Il n'appartient qu'aux gens de bien d'avoir des amis. Il faut savoir essuyer certains contre-temps. Il faut vivre avec les grands pour bien les juger. Il est beau pour un enfant de remporter des prix. Il convient d'apprendre le devoir aux enfans. Il est bien d'avoir toute l'affection de ses parens. Il n'est pas rare que les hommes se trompent. Il est juste que votre frère obtienne des récompenses.

EXERCICE XXXII.

Suite des Gallicismes.

Carthage ne faisait que de succomber.

Tournez : *Carthage avait succombé depuis peu.*

Cette proposition est principale, absolue : elle est principale, parce qu'elle ne figure pas comme complément ; elle est absolue, parce qu'elle à par elle-même un sens complet. Le sujet est *Carthage* : il est simple, n'exprimant qu'un seul objet ; il est incomplexe, n'ayant pas de complément. Le verbe est *avait été*. L'attribut est *succombant depuis peu* : il est simple, n'exprimant qu'une seule action ; il est complexe, ayant pour complément les mots *depuis peu* qui restreignent l'idée générique exprimée par le participe *succombant*.

Nous ne laissons pas de prodiguer le temps, quoiqu'il soit une chose précieuse.

Tournez : *Nous prodiguons néanmoins le temps, quoiqu'il soit une chose précieuse.*

Cette phrase renferme deux propositions.

La première est : *Nous prodiguons néanmoins le temps, quoique*, etc.

Cette proposition est principale, non-absolue : elle est principale, parce qu'elle ne figure pas comme complément ; elle est non-absolue, parce qu'elle n'a pas par elle-même un sens complet.

Le sujet est *nous* : il est simple, exprimant des êtres pris collectivement; il est incomplexe, n'ayant pas de complément. Le verbe est *sommes*. L'attribut est *prodiguant néanmoins le temps, quoique, etc.* : il est simple, n'exprimant qu'une seule action ; il est complexe, parce qu'il a pour complément *néanmoins* qui restreint l'idée générique exprimée par le participe *prodiguant* et la proposition suivante dont le sens est nécessaire à celui de la proposition précédente.

La seconde proposition est : *Quoiqu'il soit une chose précieuse.*

Cette proposition est incidente, essentielle : elle est incidente, parce que, sans figurer comme complément d'un des termes de la proposition précédente, elle exprime un sens (n° 43.) qui sert d'explication à celui de la proposition principale; elle est essentielle, parce qu'on ne peut la retrancher sans altérer le sens. Le sujet est *il* : il est simple, n'exprimant qu'un seul objet ; il est incomplexe, n'ayant pas de complément. Le verbe est *soit*. L'attribut est *une chose précieuse* : il est simple, n'exprimant qu'une seule qualité ; il est complexe, ayant pour complément l'adjectif *précieuse* qui restreint l'idée générique exprimée par le substantif *chose*.

Analysez de même :

Certaines personnes ne laissent pas d'admirer la vertu, quoiqu'elles ne la pratiquent pas. La campagne ne faisait que de se couvrir de verdure. Boileau et Racine ne laissaient pas de s'aimer, quoiqu'ils fussent rivaux de gloire. L'Amérique ne faisait que d'être découverte. Votre frère ne fait que d'arriver. Nous ne laissons pas de vous aimer, quoique nous ne venions pas vous voir souvent.

Récapitulation.

Exercice XXXIII.

L'histoire des sciences ne nous présente que deux hommes qui, par la nature de leurs ouvrages, se rapprochent de M. de Buffon : Aristote et Pline. L'un et l'autre, infatigables, comme lui, dans le travail, étonnent par l'immensité de leurs connaissances, et par celle des plans qu'ils ont conçus et exécutés. Respectés pendant leur vie, et honorés après leur mort, par leurs concitoyens, ils ont vu leur gloire survivre aux nations qui les ont produits, aux langues qu'ils ont employées; et ils semblent, par leur exemple, promettre à M. de Buffon une gloire non moins durable que la leur.

ANALYSE.

L'histoire des sciences ne nous présente que deux hommes qui, par la nature de leurs ouvrages, se rapprochent de M. de Buffon: Aristote et Pline.

Cette phrase renferme deux propositions.

La première est: *L'histoire des sciences ne nous présente que deux hommes, Aristote et Pline, qui, etc.*

Cette proposition est principale, non-absolue: elle est principale, parce qu'elle ne figure pas comme complément; elle est non-absolue, parce qu'elle n'a pas par elle-même un sens complet. Le sujet est *l'histoire des sciences*: il est simple, n'exprimant qu'un seul objet; il est complexe, ayant pour complément le substantif *sciences* qui restreint l'idée générique exprimée par le substantif *histoire*. Le verbe est *est*. L'attribut est *ne nous présentant que deux hommes, Aristote et Pline, qui, etc.*: il est simple, n'exprimant qu'une seule action; il est complexe, ayant pour complément les mots *ne que deux hommes, Aristote et Pline*, et la proposition suivante, qui restreignent l'idée générique exprimée par le participe *présentant*.

La seconde proposition est: *Qui, par la nature de leurs ouvrages, se rapprochent de M. de Buffon.*

Cette proposition est incidente, essentielle: elle est incidente, parce qu'elle figure comme complément de l'attribut de la proposition principale ; elle est essentielle, parce qu'elle est partie intégrante de cet attribut, et qu'on ne peut la retrancher sans altérer le sens. Le sujet est *qui :* il est simple, parce qu'il exprime des objets pris collectivement ; il est incomplexe, parce qu'il n'a pas de complément. Le verbe est *sont.* L'attribut est *se rapprochant, par leurs ouvrages, de M. de Buffon :* il est simple, n'exprimant qu'une seule action ; il est complexe, ayant pour complément les mots *se, par leurs ouvrages, de M. de Buffon*, qui restreignent l'idée générique exprimée par le participe *rapprochant.*

L'un et l'autre, infatigables, comme lui, dans le travail, étonnent par l'immensité de leurs connaissances, et par celle des plans qu'ils ont conçus et exécutés.

Cette phrase renferme quatre propositions.

La première est : *L'un et l'autre étonnent par l'immensité de leurs connaissances, et par celle des plans que, etc.*

Cette proposition est principale, non-absolue : elle est principale, parce qu'elle ne figure pas comme complément ; elle est non-absolue, parce qu'elle n'a pas par elle-même un sens complet. Le sujet est *l'un et l'autre :* il est composé, exprimant des êtres non pris collectivement ; il est complexe, ayant pour complément non-essentiel *infatigables, comme lui, dans le travail.* Le verbe *est sont.* L'attribut est *étonnant par l'immensité de leurs connaissances, et par celle des plans que, etc.:* il est simple, n'exprimant qu'une seule action; il est complexe, ayant pour complément les mots *par l'immensité de leurs connaissances, et par celle des plans*, ainsi que les propositions suivantes qui restreignent l'idée générique exprimée par le participe *étonnant.*

La seconde proposition est : *Comme lui.*

Cette proposition est incidente, non-essentielle, et elliptique : elle est incidente, parce qu'elle figure comme complément de l'adjectif *infatigables* partie du sujet de la proposition principale; elle est non-essentielle, parce qu'elle n'est point partie intégrante de cette partie du sujet, et qu'on peut la retrancher sans altérer le sens; elle est elliptique, parce que le verbe et l'attribut sont sous-entendus. Le sujet est *lui :* il est simple, n'exprimant qu'un seul être; il est incomplexe, n'ayant pas de complément. Le verbe est *est.* L'attribut est *infatigable :* il est simple, n'exprimant qu'une seule qualité; il est incomplexe, n'ayant pas de complément.

La troisième proposition est : *Qu'ils ont conçus.*

Cette proposition est incidente, essentielle : elle est incidente, parce qu'elle figure comme complément de la proposition principale; elle est essentielle, parce qu'elle est partie intégrante de cet attribut, et qu'on ne peut la retrancher sans altérer le sens. Le sujet est *ils :* il est simple, exprimant des êtres pris collectivement; il est incomplexe, n'ayant pas de complément. Le verbe est *ont été*. L'attribut est *concevant que :* il est simple, n'exprimant qu'une seule action; il est complexe, ayant pour complément *que* qui restreint l'idée générique exprimée par le participe *concevant*.

La quatrième proposition est : *Et exécutés*. (*)

Cette proposition est incidente, essentielle, et elliptique : elle est incidente, parce qu'elle figure comme complément de la proposition principale; elle est essentielle, parce qu'elle est partie intégrante de cet attribut, et qu'on ne peut la retrancher sans altérer le sens; elle est elliptique, parce que le sujet, le verbe et l'attribut sont sous-entendus. Le sujet est *ils :* il est simple, exprimant des êtres pris collectivement; il est incomplexe, n'ayant pas de complément. Le verbe est *ont été*. L'attribut est *exécutant que :* il est simple, n'exprimant qu'une seule action; il est complexe, ayant pour complément *que* qui restreint l'idée générique exprimée par le participe *exécutant*.

(*) Ces mots *et exécutés* constituent si bien une proposition, qu'on ne peut les traduire en latin que par un verbe à un mode personnel.

Respectés pendant leur vie, et honorés après leur mort par leurs concitoyens, ils ont vu leur gloire survivre aux nations qui les ont produits, aux langues qu'ils ont employées; et ils semblent, par leur exemple, promettre à M. de Buffon une gloire non moins durable que la leur.

Cette phrase renferme cinq propositions.

La première est : *Ils ont vu leur gloire survivre aux nations qui, etc. aux langues que, etc.*

Cette proposition est principale, non-absolue : elle est principale, parce qu'elle ne figure pas comme complément; elle est non-absolue, parce qu'elle n'a pas par elle-même un sens complet. Le sujet est *ils :* il est simple, exprimant des êtres pris collectivement; il est complexe, ayant pour complément non-essentiel *respectés pendant leur vie, et honorés après leur mort par leurs concitoyens.* Le verbe est *ont été.* L'attribut est *voyant leur gloire survivre aux nations qui, etc., et aux langues que, etc.* qui restreignent l'idée générique exprimée par le participe *voyant.*

La seconde proposition est : *Qui les ont produits.*

Cette proposition est incidente, essentielle : elle est incidente, parce qu'elle figure comme complément de l'attribut de la proposition principale; elle est essentielle, parce qu'elle est partie intégrante de cet attribut, et qu'on ne peut la retrancher sans altérer le sens. Le sujet est *qui :* il est simple, exprimant des objets pris collectivement; il est incomplexe, n'ayant pas de complément. Le verbe est *ont été.* L'attribut est *les produisant :* il est simple, n'exprimant qu'une seule action; il est complexe, ayant pour complément le pronom *les* qui restreint l'idée générique exprimée par le participe *produisant.*

La troisième proposition est : *Qu'ils ont employées.*

Cette proposition est incidente, essentielle : elle est incidente, parce qu'elle figure comme complément de l'attribut de la proposition principale; elle est essentielle, parce qu'elle est partie intégrante de cet attribut, et qu'on ne peut la retrancher sans altérer le sens. Le sujet est *qui :* il est simple, exprimant des objets pris collectivement; il est incomplexe, n'ayant pas de complément. Le verbe est *ont été.* L'attribut est *employant que :* il est simple, n'exprimant qu'une seule action; il est complexe, ayant pour complément *que,* qui restreint l'idée générique exprimée par le participe *employant.*

La quatrième proposition est : *Et ils semblent, par leur exemple, promettre à M. de Buffon une gloire non moins durable que, etc.*

Cette proposition est principale, non-absolue : elle est principale, parce qu'elle ne figure pas comme complément ; elle est non-absolue, parce qu'elle n'a pas par elle-même un sens complet. Le sujet est *ils* : il est simple, exprimant des êtres pris collectivement ; il est incomplexe, n'ayant pas de complément. Le verbe est *sont*. L'attribut est *semblant, par leur exemple, promettre à M. de Buffon une gloire non moins durable que, etc.* : il est simple, n'exprimant qu'une seule qualité ; il est complexe, ayant pour complément les mots *par leur exemple, promettre à M. de Buffon une gloire non moins durable*, et la proposition suivante, qui restreignent l'idée générique exprimée par le participe *semblant*.

La cinquième proposition est : *Que la leur*.

Cette proposition est incidente, essentielle, et elliptique : elle est incidente, parce qu'elle figure comme complément de l'attribut de la proposition précédente ; elle est essentielle, parce qu'elle est partie intégrante de cet attribut, et qu'on ne peut la retrancher sans altérer le sens ; elle est elliptique, parce que le verbe et l'attribut sont sous-entendus. Le sujet est *la leur* : il est simple, n'exprimant qu'un seul objet ; il est incomplexe, n'ayant pas de complément. Le verbe est *est*. L'attribut est *que durable* : il est simple, n'exprimant qu'une seule qualité ; il est complexe, ayant pour complément *que*, qui restreint l'idée générique exprimée par l'adjectif *durable*.

EXERCICE XXXIV.

On trouve bien des gens qui rapportent tout à eux-mêmes, et qui font de leur conduite la règle de leurs jugemens. Si l'on s'écarte de leur façon de penser, c'est une malhonnêteté. Ils regardent de mauvais œil ceux qui disent du bien d'un honnête homme qui a eu le malheur de leur déplaire. Ils s'imaginent que celui qui pense autrement qu'eux, n'a pas le sens commun. Ils trouvent ridicules les mœurs qui ne sont pas conformes aux leurs. Ils traitent d'incivilité dans certains peuples l'usage de saluer la tête couverte. Ceux-ci, à leur tour, se moquent de nos révérences et de nos embrassades, et ne peuvent voir sans rire un homme se promener dans un jardin, et prendre plaisir à mettre tranquillement ses pieds l'un devant l'autre. Un homme de bon sens doit se mettre au-dessus de ces préjugés ridicules et populaires, et regarder comme indifférens les usages qui ne sont pas contraires à la droite raison.

ANALYSE.

On trouve bien des gens qui rapportent tout à eux-mêmes, et qui font de leur conduite la règle de leurs jugemens.

Cette phrase renferme trois propositions.

La première est : *On trouve bien des gens qui, etc., et qui, etc.*

Cette proposition est principale, non-absolue : elle est principale, parce qu'elle ne figure pas comme complément ; elle est non-absolue, parce qu'elle n'a pas par elle-même un sens complet. Le sujet est *on :* il est simple, n'exprimant qu'un seul être ; il est incomplexe, n'ayant pas de complément. Le verbe est *est.* L'attribut est *trouvant bien des gens qui, etc.* : il est simple, n'exprimant qu'une seule action ; il est complexe, ayant pour complément les mots *bien des gens* et les deux propositions suivantes qui restreignent l'idée générique exprimée par le participe *trouvant.*

La seconde proposition est : *Qui rapportent tout à eux-mêmes.*

Cette proposition est incidente, essentielle : elle est incidente, parce qu'elle figure comme complément de l'attribut de la proposition précédente ; elle est essentielle, parce qu'elle est partie intégrante de cet attribut, et qu'on ne peut la retrancher sans altérer le sens. Le sujet est *qui :* il est simple, exprimant des objets pris collectivement ; il est incomplexe, n'ayant pas de complément. Le verbe est *sont.* L'attribut est *rapportant tout à eux-mêmes :* il est simple, n'exprimant qu'une seule action ; il est complexe, ayant pour complément les mots *tout à eux-mêmes* qui restreignent l'idée générique exprimée par le participe *rapportant.*

La troisième proposition est : *Et qui font de leur conduite la règle de leurs jugemens.*

Cette proposition est incidente, essentielle : elle est incidente, parce qu'elle figure comme complément de l'attribut de la proposition principale ; elle est essentielle, parce qu'elle est partie intégrante de cet attribut, et qu'on ne peut la retrancher sans altérer le sens. Le sujet est *qui:* il est simple, exprimant des êtres pris collectivement ; il est incomplexe, parce qu'il n'a pas de complément. Le verbe est *sont*. L'attribut est *faisant de leur conduite la règle de leurs jugemens :* il est simple, n'exprimant qu'une seule action ; il est complexe, ayant pour complément les mots *de leur conduite la règle de leurs jugemens* qui restreignent l'idée générique exprimée par le participe *faisant.*

Si l'on s'écarte de leur façon de penser, c'est une malhonnêteté.

Cette phrase renferme deux propositions.

La première est : *Ce, si l'on s'écarte, etc. est une malhonnêteté.*

Cette proposition est principale, non-absolue : elle est principale, parce qu'elle ne figure pas comme complément ; elle est non-absolue, parce qu'elle n'a pas par elle-même un sens complet. Le sujet est *ce, si l'on s'écarte, etc.* : il est simple, n'exprimant qu'un seul objet ; il est complexe, ayant pour complément la proposition *si l'on s'écarte, etc.* qui restreint l'idée générale exprimée par le pronom *ce*. Le verbe est *est*. L'attribut est *une malhonnêteté :* il est simple, n'exprimant qu'une seule qualité ; il est incomplexe, n'ayant pas de complément.

La seconde proposition est : *Si l'on s'écarte de leur façon de penser.*

Cette proposition est incidente, essentielle : elle est incidente, parce qu'elle figure comme complément du sujet de la proposition principale; elle est essentielle, parce qu'elle est partie intégrante de ce sujet, et qu'on ne peut la retrancher sans altérer le sens. Le sujet est *on :* il est simple, n'exprimant qu'un seul être, ou exprimant des êtres pris collectivement ; il est incomplexe, n'ayant pas de complément. Le verbe est *est.* L'attribut est *s'écartant de leur façon de penser :* il est simple, n'exprimant qu'une seule action; il est complexe, ayant pour complément les mots *se*, *de leur façon de penser* qui restreignent l'idée générique exprimée par le participe *écartant.*

Ils regardent de mauvais œil ceux qui disent du bien d'un honnête homme qui a eu le malheur de leur déplaire.

Cette phrase renferme trois propositions.

La première est : *Ils regardent de mauvais œil ceux qui, etc.*

Cette proposition est principale, non-absolue : elle est principale, parce qu'elle ne figure pas comme complément; elle est non-absolue, parce qu'elle n'a pas par elle-même un sens complet. Le sujet est *ils :* il est simple, exprimant des objets pris collectivement ; il est incomplexe, n'ayant pas de complément. Le verbe est *sont.* L'attribut est *regardant de mauvais œil ceux qui, etc. :* il est simple, n'exprimant qu'une seule action ; il est complexe, ayant pour complément de *mauvais œil ceux* et les deux propositions suivantes qui restreignent l'idée générique exprimée par le participe *regardant.*

La seconde proposition est : *Qui disent du bien d'un honnête homme qui, etc.*

7 Cette proposition est incidente, essentielle : elle est incidente, parce qu'elle figure comme complément de l'attribut de la proposition principale ; elle est essentielle, parce qu'elle est partie intégrante de cet attribut, et qu'on ne peut la retrancher sans altérer le sens. Le sujet est *qui :* il est simple, exprimant des objets pris collectivement ; il est incomplexe, n'ayant pas de complément. Le verbe est *sont.* L'attribut est *disant du bien d'un honnête homme qui, etc. :* il est simple, n'exprimant qu'une seule action ; il est complexe, ayant pour complément les mots *du bien d'un honnête homme* et la proposition suivante qui restreignent l'idée générique exprimée par le participe *disant.*

La troisième proposition est : *Qui a eu le malheur de leur déplaire.*

Cette proposition est incidente, essentielle : elle est incidente, parce qu'elle figure comme complément de l'attribut de la proposition précédente, et par suite de l'attribut de la proposition principale ; elle est essentielle, parce qu'elle est partie intégrante de ces attributs, et qu'on ne peut la retrancher sans altérer le sens. Le sujet est *qui :* il est simple, n'exprimant qu'un seul être ; il est incomplexe, n'ayant pas de complément. Le verbe est *a été.* L'attribut est *ayant le malheur de leur déplaire :* il est simple, n'exprimant qu'une seule action ; il est complexe, ayant pour complément les mots *le malheur de leur déplaire* qui restreignent l'idée générique exprimée par le participe *ayant.*

Ils s'imaginent que celui qui pense autrement qu'eux, n'a pas le sens commun.

Cette phrase renferme quatre propositions.

La première est : *Ils s'imaginent que celui*, *etc.*

Cette proposition est principale, non-absolue : elle est principale, parce qu'elle ne figure pas comme complément ; elle est non-absolue, parce qu'elle n'a pas par elle-même un sens complet. Le sujet est *ils :* il est simple, exprimant des êtres pris collectivement ; il est incomplexe, n'ayant pas de complément. Le verbe est *sont.* L'attribut est *s'imaginant que celui*, *etc. :* il est simple, n'exprimant qu'une seule action ; il est complexe, parce qu'il a pour complément *se* et les trois propositions suivantes qui restreignent l'idée générique exprimée par le participe *imaginant.*

La seconde proposition est : *Que celui qui*, *etc. n'a pas le sens commun.*

Cette proposition est incidente, essentielle : elle est incidente, parce qu'elle figure comme complément de l'attribut de la proposition principale ; elle est essentielle, parce qu'elle est partie intégrante de cet attribut, et qu'on ne peut la retrancher sans altérer le sens. Le sujet est *celui qui, etc :* il est simple, n'exprimant qu'un seul être ; il est complexe, ayant pour complément la proposition suivante, qui restreint l'idée générale exprimée par le pronom *celui.* Le verbe est *est.* L'attribut est *n'ayant pas le sens commun :* il est simple, n'exprimant qu'une seule qualité ; il est complexe, ayant pour complément les mots *ne pas le sens commun* qui restreignent l'idée générique exprimée par le participe *ayant.*

La troisième proposition est : *Qui pense autrement que, etc.*

Cette proposition est incidente, essentielle : elle est incidente, parce qu'elle figure comme complément du sujet de la proposition précédente, et par suite de l'attribut de la proposition principale ; elle est essentielle, parce qu'elle est partie intégrante de ce sujet et de cet attribut, et qu'on ne peut la retrancher sans altérer le sens. Le sujet est *qui* : il est simple, n'exprimant qu'un seul être ; il est incomplexe, n'ayant pas de complément. Le verbe est *est.* L'attribut est *pensant autrement qu'eux :* il est simple, n'exprimant qu'une seule action ; il est complexe, ayant pour complément *autrement* et la proposition suivante qui restreignent l'idée générique exprimée par le participe *pensant*.

La quatrième propositionsest : *Qu'eux*.

Cette proposition est incidente, essentielle, et elliptique : elle est incidente, parce qu'elle figure comme complément de l'attribut de la proposition précédente, et par suite de la proposition principale ; elle est essentielle, parce qu'elle est partie intégrante de ces deux attributs, et qu'on ne peut la retrancher sans altérer le sens ; elle est elliptique, parce que le verbe et l'attribut sont sous-entendus. Le sujet est *eux* : il est simple, exprimant des objets pris collectivement ; il est incomplexe, n'ayant pas de complément. Le verbe est *sont*. L'attribut est *pensant que* : il est simple, n'exprimant qu'une seule action ; il est complexe, ayant pour complément *que*, correspondant à *autrement*, et qui restreint l'idée générique exprimée par le participe *pensant*.

Ils trouvent ridicules les mœurs qui ne sont pas conformes aux leurs.

Cette phrase renferme deux propositions.

La première est : *Ils trouvent ridicules les mœurs qui, etc.*

Cette proposition est principale, non-absolue : elle est principale, parce qu'elle ne figure pas comme complément ; elle est non-absolue, parce qu'elle n'a pas par elle-même un sens complet. Le sujet est *ils* : il est simple, exprimant des êtres pris collectivement ; il est incomplexe, n'ayant pas de complément. Le verbe est *sont.* L'attribut est *trouvant ridicules les mœurs qui, etc. :* il est simple, n'exprimant qu'une seule action ; il est complexe, ayant pour complément les mots *ridicules*, *les mœurs* et la proposition suivante qui restreignent l'idée générique exprimée par le participe *trouvant.*

La seconde proposition est : *Qui ne sont pas conformes aux leurs.*

Cette proposition est incidente, essentielle : elle est incidente, parce qu'elle figure comme complément de l'attribut de la proposition principale ; elle est essentielle, parce qu'elle est partie intégrante de cet attribut. Le sujet est *qui :* il est simple, exprimant des objets pris collectivement ; il est incomplexe, n'ayant pas de complément. Le verbe est *sont.* L'attribut est, *ne pas conformes aux leurs :* il est simple, n'exprimant qu'une seule qualité ; il est complexe, ayant pour complément les mots *ne pas*, *aux leurs* qui restreignent l'idée générique exprimée par l'adjectif *conformes.*

Ils traitent d'incivilité dans certains peuples l'usage de saluer la tête couverte.

Cette proposition est principale, absolue : elle est principale, parce qu'elle ne figure pas comme complément ; elle est absolue, parce qu'elle a par elle-même un sens complet. Le sujet est *ils :* il est simple, exprimant des êtres pris collectivement; il est incomplexe, n'ayant pas de complément. Le verbe est *sont*. L'attribut est *traitant d'incivilité dans certains peuples l'usage de saluer la tête couverte* : il est simple, n'exprimant qu'une seule action; il est complexe, ayant pour complément les mots *d'incivilité dans certains peuples*, *l'usage de saluer la tête couverte* qui restreignent l'idée générique exprimée par le participe *traitant*.

Ceux-ci, à leur tour, se moquent de nos révérences et de nos embrassades, et ne peuvent voir sans rire un homme se promener dans un jardin, et prendre plaisir à mettre tranquillement ses pieds l'un devant l'autre.

Cette phrase renferme deux propositions.

La première est : *Ceux-ci, à leur tour, se moquent de nos révérences et de nos embrassades.*

Cette proposition est principale, absolue : elle est principale, parce qu'elle ne figure pas comme complément; elle est absolue, parce qu'elle a par elle-même un sens complet. Le sujet est *ceux-ci* : il est simple, exprimant des objets pris collectivement; il est complexe, ayant pour complément la particule *ci* qui restreint l'idée générale exprimée par le pronom *ceux*. Le verbe est *sont*. L'attribut est *se moquant à leur tour de nos révérences et de nos embrassades* : il est simple, n'exprimant qu'une seule action; il est complexe, ayant pour complément les mots *se*, *à leur tour*, *de nos révérences et de nos embrassades*, qui restreignent l'idée générique exprimée par le participe *moquant*.

La seconde proposition est : *Et ne peuvent voir sans rire un homme se promener dans un jardin, et prendre plaisir à mettre tranquillement ses pieds l'un devant l'autre*.

Cette proposition est principale, absolue, et elliptique : elle est principale, parce qu'elle ne figure pas comme complément ; elle est absolue, parce qu'elle a par elle-même un sens complet ; elle est elliptique, parce que le sujet est sous-entendu. Le sujet est *ceux-ci :* il est simple, exprimant des êtres pris collectivement ; il est complexe, ayant pour complément la particule *ci* qui restreint l'idée générale exprimée par le pronom *ceux*. Le verbe est *sont*. L'attribut est *ne pouvant voir sans rire un homme se promener dans un jardin, et prendre plaisir à mettre tranquillement ses pieds l'un devant l'autre :* il est simple n'exprimant qu'une seule action ; il est complexe, ayant pour complément les mots *ne voir sans rire un homme se promener dans un jardin, et prendre plaisir à mettre tranquillement ses pieds l'un devant l'autre* qui restreignent l'idée générique exprimée par le participe *pouvant*.

Un homme de bon sens doit se mettre au-dessus de ces préjugés ridicules et populaires, et regarder comme indifférens les usages qui ne sont pas contraires à la droite raison.

Cette phrase renferme deux propositions.

La première est : *Un homme de bon sens doit se mettre au-dessus de ces préjugés ridicules et populaires, et regarder comme indifférens les usages qui, etc.*

Cette proposition est principale, non-absolue : elle est principale, parce qu'elle ne figure pas comme complément ; elle est non-absolue, parce qu'elle n'a pas par elle-même un sens complet. Le sujet est *un homme de bon sens* : il est simple, n'exprimant qu'un seul objet ; il est complexe, ayant pour complément les mots *de bon sens* qui restreignent l'idée générique exprimée par le substantif *homme*. Le verbe est *est*. L'attribut est *devant se mettre au-dessus de ces préjugés ridicules et regarder comme indifférens les usages qui, etc.* : il est simple, n'exprimant qu'une seule qualité ; il est complexe, ayant pour complément les mots *se mettre au-dessus de ces préjugés ridicules et regarder comme indifférens les usages qui, etc.*, qui restreignent l'idée générique exprimée par le participe *devant*.

La seconde proposition est : *Qui ne sont pas contraires à la droite raison.*

Cette proposition est incidente, essentielle : elle est incidente, parce qu'elle figure comme complément de l'attribut de la proposition principale ; elle est essentielle, parce qu'elle est partie intégrante de cet attribut, et qu'on ne peut la retrancher sans altérer le sens. Le sujet est *qui :* il est simple, exprimant des objets pris collectivement ; il est incomplexe, n'ayant pas de complément. Le verbe est *sont.* L'attribut est *ne pas contraires à la droite raison :* il est simple, n'exprimant qu'une seule qualité ; il est complexe, ayant pour complément les mots *ne pas à la droite raison* qui restreignent l'idée générique exprimée par l'adjectif *contraires.*

Exercice XXXV.

Si l'on vous exhorte à vous appliquer sans relâche à l'étude, ce n'est pas sans raison. Vous verrez dans l'histoire combien les sciences et les arts ont élevé les Français au-dessus des autres nations. Elle vous apprendra que des Européens en petit nombre vainquirent les nombreuses nations de l'Amérique. Ceux-ci n'étaient pas plus forts que les premiers. Les Américains, accoutumés à vivre dans les bois, étaient plus robustes que nous ; mais les arts seuls des Européens leur donnaient une supériorité qui leur procura toujours la victoire.

ANALYSE.

Si l'on vous exhorte à vous appliquer sans relâche à l'étude, ce n'est pas sans raison.

Cette phrase renferme deux propositions.

La première est : *Ce, si l'on vous exhorte, etc., n'est pas sans raison.*

Cette proposition est principale, non-absolue, et elliptique : elle est principale, parce qu'elle ne figure pas comme complément ; elle est non-absolue, parce qu'elle n'a pas par elle-même un sens complet ; elle est elliptique, parce que l'attribut est sous-entendu. Le sujet est *ce, si l'on vous exhorte, etc.* : il est simple, exprimant une seule idée ; il est complexe, ayant pour complément la proposition suivante qui restreint l'idée générale exprimée par le pronom *ce*. Le verbe est *est*. L'attribut *ne pas une chose sans raison :* il est simple, n'exprimant qu'une seule qualité ; il est complexe, ayant pour complément les mots *ne pas sans raison* qui restreignent l'idée générique exprimée par le mot *chose*.

La seconde proposition est : *Si l'on vous exhorte à vous appliquer sans relâche à l'étude.*

Cette proposition est incidente, essentielle : elle est incidente, parce qu'elle figure comme complément du sujet de la proposition principale ; elle est essentielle, parce qu'elle est partie intégrante de ce sujet, et qu'on ne peut la retrancher sans altérer le sens. Le sujet est *on :* il est simple, n'exprimant qu'un seul être ; il est incomplexe, n'ayant pas de complément. Le verbe est *est.* L'attribut est *vous exhortant à vous appliquer sans relâche à l'étude :* il est simple, n'exprimant qu'une seule action ; il est complexe, ayant pour complément les mots *vous*, *à vous appliquer sans relâche à l'étude* qui restreignent l'idée générique exprimée par le participe *exhortant.*

Vous verrez dans l'histoire combien les sciences et les arts ont élevé les Français au-dessus des autres nations.

Cette phrase renferme deux propositions.

La première est : *Vous verrez dans l'histoire combien, etc.*

Cette proposition est principale, non-absolue : elle est principale, parce qu'elle ne figure pas comme complément ; elle est non-absolue, parce qu'elle n'a pas par elle-même un sens complet. Le sujet est *vous :* il est simple, n'exprimant qu'un seul être ou des êtres pris collectivement (suivant le cas) ; il est incomplexe, n'ayant pas de complément. Le verbe est *serez.* L'attribut est *voyant dans l'histoire combien, etc. :* il est simple, n'exprimant qu'une seule qualité ; il est complexe, ayant pour complément les mots *dans l'histoire* et la proposition suivante qui restreignent l'idée générique exprimée par le participe *voyant.*

La seconde proposition est : *Combien les scien-*

ces et les arts ont élevé les Français au-dessus des autres nations.

Cette proposition est incidente, essentielle : elle est incidente, parce qu'elle figure comme complément de l'attribut de la proposition principale ; elle est essentielle, parce qu'elle est partie intégrante de cet attribut, et qu'on ne peut la retrancher sans altérer le sens. Le sujet est *les sciences et les arts :* il est composé, exprimant des objets non pris collectivement ; il est incomplexe, n'ayant pas de complément. Le verbe est *ont été.* L'attribut est *élevant combien les Français au-dessus des autres nations :* il est simple, n'exprimant qu'une seule action ; il est complexe, ayant pour complément les mots *combien les Français au-dessus des autres nations* qui restreignent l'idée générique exprimée par le participe *élevant.*

Elle vous apprendra que des Européens en petit nombre vainquirent les nombreuses nations de l'Amérique.

Cette phrase renferme deux propositions.

La première est : *Elle vous apprendra que, etc.*

Cette proposition est principale, non-absolue : elle est principale, parce qu'elle ne figure pas comme complément ; elle est non-absolue, parce qu'elle n'a pas par elle-même un sens complet. Le sujet est *elle :* il est simple, n'exprimant qu'un seul objet ; il est incomplexe, n'ayant pas de complément. Le verbe est *sera*. L'attribut est *vous apprenant que, etc.* : il est simple, n'exprimant qu'une seule action ; il est complexe, ayant pour complément *vous* et la proposition suivante qui restreignent l'idée générique exprimée par le participe *apprenant*.

La seconde proposition est : *Que des Européens en petit nombre vainquirent les nombreuses nations de l'Amérique.*

Cette proposition est incidente, essentielle : elle est incidente, parce qu'elle figure comme complément de l'attribut de la proposition précédente ; elle est essentielle, parce qu'elle est partie intégrante de cet attribut, et qu'on ne peut la retrancher sans altérer le sens. Le sujet est *des Européens en petit nombre* : il est simple, exprimant des êtres pris collectivement ; il est complexe, ayant pour complément les mots *en petit nombre* qui restreignent l'idée générique exprimée par le substantif *Européens*. Le verbe est *furent*. L'attribut est *vainquant les nombreuses nations de l'Amérique* : il est simple, n'exprimant qu'une seule action ; il est complexe, ayant pour complément les mots *les nombreuses nations de l'Amérique* qui restreignent l'idée générique exprimée par le participe *vainquant*.

Ceux-ci n'étaient pas plus forts que les premiers.

Cette phrase renferme deux propositions.

La première est : *Ceux-ci n'étaient pas plus forts que, etc.*

Cette proposition est principale, non-absolue : elle est principale, parce qu'elle ne figure pas comme complément ; elle est non-absolue, parce qu'elle n'a pas par elle-même un sens complet. Le sujet est *ceux-ci :* il est simple, exprimant des objets pris collectivement ; il est complexe, ayant pour complément la particule *ci* qui restreint l'idée générale exprimée par le pronom *ceux*. Le verbe est *étaient*. L'attribut est *ne pas plus forts que, etc. :* il est simple, n'exprimant qu'une seule qualité ; il est complexe, ayant pour complément les mots *ne pas plus* et la proposition suivante qui restreignent l'idée générique exprimée par l'adjectifs *forts*.

La seconde proposition est : *Que les premiers*.

Cette proposition est incidente, essentielle, et elliptique : elle est incidente, parce qu'elle figure comme complément de l'attribut de la proposition principale ; elle est essentielle, parce qu'elle est partie intégrante de cet attribut, et qu'on ne peut la retrancher sans altérer le sens ; elle est elliptique, parce que le verbe et l'attribut sont sous-entendus. Le sujet est *les premiers :* il est simple, exprimant des êtres pris collectivement ; il est incomplexe, n'ayant pas de complément. Le verbe est *sont*. L'attribut est *que forts* : il est simple, n'exprimant qu'une seule qualité ; il est complexe, ayant pour complément *que*, correspondant à *plus*, qui restreint l'idée générique exprimée par l'adjectif *forts*.

Les Américains, accoutumés à vivre dans les bois, étaient plus robustes que nous ; mais les arts seuls des Européens leur donnaient une supériorité qui leur procura toujours la victoire.

Cette phrase renferme quatre propositions.

La première est : *Les Américains étaient plus robustes que, etc.*

Cette proposition est principale non-absolue : elle est principale, parce qu'elle ne figure pas comme complément ; elle est non-absolue, parce qu'elle n'a pas par elle-même un sens complet. Le sujet est *les Américains* : il est simple, exprimant des êtres pris collectivement ; il est complexe, ayant pour complément *accoutumés à vivre dans les bois*. Le verbe est *étaient*. L'attribut est *plus robustes que, etc.* : il est simple, n'exprimant qu'une seule qualité ; il est complexe, ayant pour complément *plus* et la proposition suivante qui restreignent l'idée générique exprimée par l'adjectif *robustes*.

La seconde proposition est : *Que nous*.

Cette proposition est incidente, essentielle,

et elliptique : elle est incidente, parce qu'elle figure comme complément de l'attribut de la proposition précédente ; elle est essentielle, parce qu'elle est partie intégrante de cet attribut, et qu'on ne peut la retrancher sans altérer le sens ; elle est elliptique, parce que le verbe et l'attribut sont sous-entendus. Le sujet est *nous :* il est simple, exprimant des êtres pris collectivement ; il est incomplexe, n'ayant pas de complément. Le verbe est *sommes.* L'attribut est *que robustes :* il est simple, n'exprimant qu'une seule qualité ; il est complexe ayant pour complément *que*, correspondant à *plus*, qui restreint l'idée générique exprimée par l'adjectif *robustes.*

La troisième proposition est : *Mais les arts seuls des Européens leur donnaient une supériorité qui, etc.*

Cette proposition est principale, non-absolue : elle est principale, parce qu'elle ne figure pas comme complément ; elle est non-absolue, parce qu'elle n'a pas par elle-même un sens complet. Le sujet est *les arts des Européens :* il est simple, exprimant des objets pris collectivement ; il est complexe, ayant pour complément l'adjectif *seuls* et les mots *des Européens* qui restreignent l'idée générique exprimée par le substantif *arts.* Le verbe est étaient. L'attribut est *leur donnant une supériorité qui, etc. :* il est simple, n'exprimant qu'une seule action ; il est complexe, ayant pour complément les mots *leur, une supériorité*, et la proposition suivante qui restreignent l'idée générique exprimée par le participe *donnant*.

La quatrième proposition est : *Qui leur procura toujours la victoire.*

Cette proposition est incidente, essentielle : elle est incidente, parce qu'elle figure comme complément de l'attribut de la proposition précédente ; elle est essentielle, parce qu'elle est partie intégrante de cet attribut, et qu'on ne peut la retrancher sans altérer le sens. Le sujet est *qui :* il est simple, n'exprimant qu'un seul objet ; il est incomplexe, n'ayant pas de complément. Le verbe est *fut*. L'attribut est *leur procurant toujours la victoire :* il est simple, exprimant une seule action ; il est complexe, ayant pour complément les mots *leur* et *toujours la victoire* qui restreignent l'idée générique exprimée par le participe *procurant*.

Exercice XXXVI.

L'histoire de France est remplie de traits qui feraient honneur aux plus beaux temps de la Grèce et de Rome. On connaît le nom du célèbre chevalier Bayard. Personne ne fut jamais plus bienfaisant que ce guerrier incomparable. Tout était pour lui une occasion de libéralité. Un jour son général lui donna une quantité considérable de vaisselle d'argent prise sur des rebelles. Il n'osa la refuser, mais bientôt il la distribua aux soldats. Il était alors âgé de vingt-quatre ans, et n'avait pas, dit son historien, dix écus dans sa bourse.

ANALYSE.

L'histoire de France est remplie de traits qui feraient honneur aux plus beaux temps de la Grèce et de Rome.

Cette phrase renferme deux propositions.

La première est : *L'histoire de France est remplie de traits qui, etc.*

Cette proposition est principale, non-absolue : elle est principale, parce qu'elle ne figure pas comme complément ; elle est non-absolue, parce qu'elle n'a pas par elle-même un sens complet. Le sujet est *l'histoire de France :* il est simple, n'exprimant qu'un seul objet ; il est complexe, ayant pour complément *de France* qui restreint l'idée générique exprimée par le substantif *histoire.* Le verbe est *est.* L'attribut est *remplie de traits qui, etc. :* il est simple, n'exprimant qu'une seule qualité ; il est complexe, ayant pour complément *de traits*, et la proposition suivante qui restreignent l'idée générique exprimée par l'adjectif *remplie.*

La seconde proposition est : *Qui feraient honneur aux plus beaux temps de la Grèce et de Rome.*

Cette proposition est incidente, essentielle : elle est incidente, parce qu'elle figure comme complément de l'attribut de la proposition précédente ; elle est essentielle, parce qu'elle est partie intégrante de cet attribut, et qu'on ne peut la retrancher sans altérer le sens. Le sujet est *qui :* il est simple, exprimant des objets pris collectivement ; il est incomplexe, n'ayant pas de complément. Le verbe est *seraient.* L'attribut est *faisant honneur aux plus beaux temps de la Grèce et de Rome :* il est simple, n'exprimant qu'une seule qualité; il est complexe, ayant pour complément les mots *honneur aux plus beaux temps de la Grèce et de Rome* qui restreignent l'idée générique exprimée par le participe *faisant.*

On connait le nom du célèbre chevalier Bayard.

Cette proposition est principale, absolue : elle est principale, parce qu'elle ne figure pas comme complément ; elle est absolue, parce qu'elle a par elle-même un sens complet. Le sujet est *on :* il est simple, n'exprimant qu'un seul être; il est incomplexe, n'ayant pas de complément. Le verbe est *est.* L'attribut est *connaissant le nom du célèbre chevalier Bayard :* il est simple, n'exprimant qu'une seule qualité ; il est complexe, ayant pour complément les mots *le nom du célèbre chevalier Bayard* qui restreignent l'idée générique exprimée par le participe *connaissant.*

Personne ne fut jamais plus bienfaisant que ce guerrier incomparable.

Cette phrase renferme deux propositions.

La première proposition est : *Personne ne fut plus bienfaisant que, etc.*

Cette proposition est principale, non-absolue : elle est principale, parce qu'elle ne figure pas comme complément ; elle est non-absolue, parce qu'elle n'a pas par elle-même un sens complet. Le sujet est *personne :* il est simple, n'exprimant qu'un seul être ; il est incomplexe, n'ayant pas de complément. Le verbe est *fut*. L'attribut est *ne jamais plus bienfaisant que*, *etc :* il est simple, n'exprimant qu'une seule qualité ; il est complexe, ayant pour complément les mots *ne jamais plus* et la proposition suivante qui restreignent l'idée générique exprimée par l'adjectif *bienfaisant.*

La seconde proposition est : *Que ce guerrier incomparable.*

Cette proposition est incidente, essentielle, et elliptique : elle est incidente, parce qu'elle figure comme complément de l'attribut de la proposition précédente ; elle est essentielle, parce qu'elle est partie intégrante de cet attribut, et qu'on ne peut la retrancher sans altérer le sens ; elle est elliptique, parce que le verbe et l'attribut sont sous-entendus. Le sujet est *ce guerrier :* il est simple, n'exprimant qu'un seul être ; il est complexe, ayant pour complément *incomparable*, et l'adjectif *ce* qui restreint l'idée générique exprimée par le substantif *guerrier*. Le verbe est *était*. L'attribut est *que bienfaisant :* il est simple, n'exprimant qu'une seule qualité ; il est complexe, ayant pour complément *que*, correspondant à *plus*, qui restreint l'idée générique exprimée par l'adjectif *bienfaisant.*

Tout était pour lui une occasion de libéralité.

Cette proposition est principale, absolue : elle est principale, parce qu'elle ne figure pas comme complément ; elle est absolue, parce qu'elle a par elle-même un sens complet. Le sujet est *tout*, adjectif pris substantivement : il est simple, n'exprimant qu'un seul objet, ou exprimant une collection d'objets ; il est incomplexe, n'ayant pas de complément. Le verbe est *était*. L'attribut est *pour lui une occasion de libéralité* : il est simple, n'exprimant qu'une seule qualité ; il est complexe, ayant pour complément les mots *pour lui*, *de libéralité*, qui restreignent l'idée générique exprimée par le substantif *occasion*.

Un jour son général lui donna une quantité considérable de vaisselle d'argent prise sur des rebelles.

Cette proposition est principale, absolue : elle est principale, parce qu'elle ne figure pas comme complément ; elle est absolue, parce qu'elle a par elle-même un sens complet. Le sujet est *son général* : il est simple, n'exprimant qu'un seul être ; il est complexe, ayant pour complément l'adjecjectif *son* qui restreint l'idée générique exprimée par le substantif *général*. Le verbe est *fut*. L'attribut est *lui donnant un jour une quantité considérable de vaisselle d'argent prise sur des rebelles* : il est simple, n'exprimant qu'une seule action ; il est complexe, ayant pour complément les mots *un jour une quantité considérable de vaisselle d'argent prise sur des rebelles*, qui restreignent l'idée générique exprimée par le participe *donnant.*

Il n'osa la refuser, mais bientôt il la distribua aux soldats.

Cette phrase renferme deux propositions.

La première est : *Il n'osa la refuser.*

Cette proposition est principale, absolue : elle est principale, parce qu'elle ne figure pas comme complément ; elle est absolue, parce qu'elle a par elle-même un sens complet. Le sujet est *il :* il est simple, n'exprimant qu'un seul objet ; il est incomplexe, n'ayant pas de complément. Le verbe est *fut.* L'attribut est *n'osant la refuser :* il est simple, n'exprimant qu'une seule qualité ; il est complexe, ayant pour complément les mots *ne*, *la refuser* qui restreignent l'idée générique exprimée par le participe *osant.*

La seconde proposition est : *Mais bientôt il la distribua aux soldats.*

Cette proposition est principale, absolue : elle est principale, parce qu'elle ne figure pas comme complément ; elle est absolue, parce qu'elle a par elle-même un sens complet. Le sujet est *il :* il est simple, n'exprimant qu'un seul être ; il est incomplexe, n'ayant pas de complément. Le verbe est *fut.* L'attribut est *la distribuant bientôt aux soldats:* il est simple, n'exprimant qu'une seule action ; il est complexe, ayant pour complément les mots *la, bientôt aux soldats* qui restreignent l'idée générique exprimée par le participe *distribuant.*

Il était alors âgé de vingt-quatre ans, et n'avait pas, dit son historien, dix écus dans sa bourse.

Cette phrase renferme trois propositions.

La première est : *Il était alors âgé de vingt-quatre ans.*

Cette proposition est principale, absolue : elle est principale, parce qu'elle ne figure pas comme complément ; elle est absolue, parce qu'elle a par elle-même un sens complet. Le sujet est *il :* il est simple, n'exprimant qu'un seul objet ; il est incomplexe, n'ayant pas de complément. Le verbe est *était.* L'attribut est *âgé de vingt-quatre ans :* il est simple, n'exprimant qu'une seule qualité ; il est complexe, ayant pour complément *alors* et les mots *de vingt-quatre ans* qui restreignent l'idée générique exprimée par l'adjectif *âgé.*

La seconde proposition est : *Et, dit son historien, n'avait pas, etc.*

Cette proposition est principale, non-absolue : elle est principale, parce qu'elle ne figure pas comme complément ; elle est non-absolue, parce qu'elle n'a pas par elle-même un sens complet. Le sujet est *son historien :* il est simple, n'exprimant qu'un seul être ; il est complexe, ayant pour complément l'adjectif *son* qui restreint l'idée générique exprimée par le substantif *historien*. Le verbe est *est*. L'attribut est *disant*, *n'avait pas*, *etc.* : il est simple, n'exprimant qu'une seule action ; il est complexe, ayant pour complément la proposition suivante qui restreint l'idée générique exprimée par le participe *disant*.

La troisième proposition est : *N'avait pas dix écus dans sa bourse*.

Cette proposition est incidente, essentielle, et elliptique : elle est incidente, parce qu'elle figure comme complément de l'attribut de la proposition précédente ; elle est essentielle, parce qu'elle est partie intégrante de cet attribut, et qu'on ne peut la retrancher sans altérer le sens ; elle est elliptique, parce que le sujet est sous-entendu. Le sujet est *il* : il est simple, n'exprimant qu'un seul être ; il est incomplexe, n'ayant pas de complément. Le verbe est *était*. L'attribut est *n'ayant pas dix écus dans sa bourse* : il est simple, n'exprimant qu'une seule qualité ; il est complexe, ayant pour complément les mots *ne pas dix écus dans sa bourse*, qui restreignent l'idée générique exprimée par le participe *ayant*.

On pourrait encore tourner cette phrase de cette manière : *Son historien dit : Il était alors âgé de vingt-quatre ans, et n'avait pas dix écus dans sa bourse*.

Dans ce cas, la première proposition serait principale, non-absolue, et les deux autres seraient incidentes, essentielles, comme parties intégrantes de l'attribut de la première.

EXERCICE XXXVII.

Un écrivain est accompli lorsque ses ouvrages charment les hommes instruits, et sont en même temps à la portée des ignorans. Son style doit être poli avec tant d'adresse qu'il ne faille point d'esprit pour l'entendre. Il doit prodiguer l'agrément et les grâces en conservant le mérite d'une heureuse facilité. Il faut qu'il mette tant d'art à cacher l'art même, qu'il semble avoir écrit sans effort et naturellement. Les pensées les plus belles sont simples, comme la vérité, qui doit les produire. L'écrivain qui méprise le naturel, a oublié que l'art difficile et la perfection de l'éloquence consistent à s'énoncer d'une manière que le lecteur s'imagine pouvoir parler lui-même.

ANALYSE.

Un Écrivain est accompli lorsque ses ouvrages charment les hommes instruits, et sont à la portée des ignorans.

Cette phrase renferme trois propositions.

La première est : *Un écrivain est accompli, lorsque, etc.*

Cette proposition est principale, non-absolue : elle est principale, parce qu'elle ne figure pas comme complément ; elle est non-absolue, parce qu'elle n'a pas par elle-même un sens complet, les deux propositions suivantes étant nécessaires au sens total de la principale. Le sujet est *un écrivain :* il est simple, n'exprimant qu'un seul être; il est incomplexe, n'ayant pas de complément. Le verbe est *est*. L'attribut est *accompli* : il est simple, n'exprimant qu'une seule qualité; il est incomplexe, n'ayant pas de complément.

La seconde proposition est : *Lorsque ses ouvrages charment les hommes instruits*.

Cette seconde proposition est incidente, essentielle : elle est incidente, parce que sans figurer comme complément d'un des termes de la proposition précédente, elle exprime un sens qui sert d'explication à celui de cette proposition ; (nº 43.) elle est essentielle, parce qu'elle est partie intégrante du sens total de la principale, et qu'on ne peut la retrancher sans altérer le sens. Le sujet est *ses ouvrages* : il est simple, exprimant des objets pris collectivement ; il est complexe, parce qu'il a pour complément l'adjectif *ses* qui restreint l'idée générique exprimée par le substantif *ouvrages*. Le verbe est *sont*. L'attribut est *charmant les hommes instruits* : il est simple, n'exprimant qu'une seule action ; il est complexe, ayant pour complément les mots *les hommes instruits* qui restreignent l'idée générique exprimée par le participe *charmant*.

La troisième proposition est : *Et sont à la portée des ignorans*.

Cette proposition est incidente, essentielle, et elliptique : elle est incidente, parce que, sans figurer comme complément d'un des termes de la proposition principale, elle exprime un sens qui sert d'explication à celui de cette proposition ; (nº 43.) elle est essentielle, parce qu'elle est partie intégrante du sens total de la principale, et qu'on ne peut la retrancher sans altérer le sens ; elle est elliptique, parce que le sujet et l'attribut sont sous-entendus. Le sujet est *ils :* il est simple, exprimant des objets pris collectivement ; il est incomplexe, n'ayant pas de complément. Le verbe est *sont.* L'attribut est *mis à la portée des ignorans :* il est simple, n'exprimant qu'une seule qualité ; il est complexe, ayant pour complément les mots *mis à la portée des ignorans* qui restreignent l'idée générique exprimée par le participe *mis.*

Son style doit être poli avec tant d'adresse, qu'il ne faille point d'esprit pour l'entendre.

Cette phrase renferme deux propositions.

Le première est : *Son style doit être poli avec tant d'adresse, que, etc.*

Cette proposition est principale, non-absolue : elle est principale, parce qu'elle ne figure pas comme complément ; elle est non-absolue, parce qu'elle n'a pas par elle-même un sens complet. Le sujet est *son style :* il est simple, n'exprimant qu'un seul objet ; il est complexe, ayant pour complément l'adjectif *son* qui restreint l'idée générique exprimée par le substantif *style.* Le verbe est *est.* L'attribut est *devant être poli avec tant d'adresse, que, etc. :* il est simple, n'exprimant qu'une seule qualité ; il est complexe, ayant pour complément les mots *être poli avec tant d'adresse* qui restreignent l'idée générique exprimée par le participe *devant.* La proposition suivante s'applique au sens total de la principale.

La seconde proposition est : *Qu'il ne faille point d'esprit pour l'entendre.*

Tournez : *Que l'esprit ne soit pas nécessaire pour l'entendre.*

Cette proposition est incidente, essentielle : elle est incidente, parce que sans figurer comme complément d'un des termes de la proposition précédente, elle exprime un sens qui sert d'explication à celui de cette proposition (nº 43.) ; elle est essentielle, parce qu'elle est partie intégrante du sens total de la principale, et qu'on ne peut la retrancher sans altérer le sens. Le sujet est *l'esprit :* il est simple, n'exprimant qu'un seul objet ; il est incomplexe, n'ayant pas de complément. Le verbe est *soit.* L'attribut est *ne point nécessaire pour l'entendre :* il est simple, n'exprimant qu'une seule qualité ; il est complexe, ayant pour complément les mots *ne point*, *pour l'entendre* qui restreignent l'idée générique exprimée par l'adjectif *nécessaire.*

Il doit prodiguer l'agrément et les grâces en conservant le mérite d'une heureuse facilité.

Cette proposition est principale, absolue : elle est principale, parce qu'elle ne figure pas comme complément ; elle est absolue, parce qu'elle a par elle-même un sens complet. Le sujet est *il :* il est simple, n'exprimant qu'un seul être ; il est incomplexe, parce qu'il n'a pas de complément. Le verbe est *est*. L'attribut est *devant prodiguer l'agrément et les grâces en conservant le mérite d'une heureuse facilité* : il est simple, n'exprimant qu'une seule qualité ; il est complexe, ayant pour complément les mots *prodiguer l'agrément et les grâces en conservant le mérite d'une heureuse facilité* qui restreignent l'idée générique exprimée par le participe *devant*.

Il faut qu'il mette tant d'art à cacher l'art même, qu'il semble avoir écrit sans effort et naturellement.

Cette phrase renferme deux propositions.

La première est : *Il faut qu'il mette tant d'art à cacher l'art même, que, etc.*

Tournez : *Lui mettre tant d'art à cacher l'art même que, etc. est nécessaire.*

Cette proposition est principale, non-absolue ; elle est principale, parce qu'elle ne figure pas comme complément ; elle est non-absolue, parce qu'elle n'a pas par elle-même un sens complet. Le sujet est *lui mettre tant d'art à cacher l'art même, que, etc.* : il est simple, n'exprimant qu'une seule idée ; il est complexe, ayant pour complément les mots *lui*, *tant d'art à cacher l'art même* et la proposition suivante qui restreignent l'idée générique exprimée par le verbe *mettre*. Le verbe est *est*. L'attribut est *nécessaire* : il est simple, n'exprimant qu'une seule qualité ; il est incomplexe, n'ayant pas de complément.

Le seconde proposition est : *Qu'il semble avoir écrit sans effort et naturellement.*

Cette proposition est incidente, essentielle : elle est incidente, parce qu'elle figure comme complément du sujet de la proposition précédente ; elle est essentielle, parce qu'elle est partie intégrante de ce sujet, et qu'on ne peut la retrancher sans altérer le sens. Le sujet est *il :* il est simple, n'exprimant qu'un seul être; il est incomplexe, n'ayant pas de complément. Le verbe est *soit.* L'attribut est *semblant avoir écrit sans effort et naturellement :* il est simple, n'exprimant qu'une seule qualité ; il est complexe, ayant pour complément les mots *avoir écrit sans effort et naturellement* qui restreignent l'idée générique exprimée par le participe *semblant.*

Les pensées les plus belles sont simples, comme la vérité, qui doit les produire.

Cette phrase renferme trois propositions.

La première est : *Les pensées les plus belles sont simples.*

Cette proposition est principale, absolue : elle est principale, parce qu'elle ne figure pas comme complément; elle est absolue, parce qu'elle a par elle-même un sens complet. Le sujet est *les pensées les plus belles :* il est simple, exprimant des objets pris collectivement; il est complexe, ayant pour complément les mots *les plus belles* qui restreignent l'idée générique exprimée par le substantif *pensées*. Le verbe est *sont*. L'attribut est *simples :* il est simple, n'exprimant qu'une seule qualité ; il est complexe, ayant pour complément la proposition suivante.

Le seconde proposition est : *Comme la vérité.*

Cette proposition est incidente, non-essentielle, et elliptique : elle est incidente, parce qu'elle figure comme complément de l'attribut de la proposition précédente ; elle est non-essentielle, parce qu'elle n'est point partie intégrante de cet attribut, et qu'on peut la retrancher sans altérer le sens ; elle est elliptique, parce que le verbe et l'attribut sont sous-entendus. Le sujet est *la vérité:* il est simple, n'exprimant qu'un seul objet ; il est complexe, ayant pour complément la proposition suivante. Le verbe est *est*. L'attribut est *simple :* il est simple, n'exprimant qu'une seule qualité ; il est incomplexe, n'ayant pas de complément.

La troisième proposition est : *Qui doit les produire.*

Cette proposition est incidente, non-essentielle : elle est incidente, parce qu'elle figure comme complément du sujet de la proposition précédente ; elle est non-essentielle, parce qu'elle n'est point partie intégrante de ce sujet. Le sujet est *qui :* il est simple, n'exprimant qu'un seul objet ; il est incomplexe, n'ayant pas de complément. Le verbe est *est*. L'attribut est *devant les produire :* il est simple, n'exprimant qu'une seule qualité ; il est complexe, ayant pour complément les mots *les produire* qui restreignent l'idée générique exprimée par le participe *devant.*

L'écrivain qui méprise le naturel, a oublié que l'art difficile et la perfection de l'éloquence consistent à s'énoncer d'une manière que le lecteur s'imagine pouvoir parler lui-même.

Cette phrase renferme quatre propositions.

La première est : *L'écrivain qui, etc. a oublié que, etc.*

Cette proposition est principale, non-absolue : elle est principale, parce qu'elle ne figure pas comme complément; elle est non-absolue, parce qu'elle n'a pas par elle-même un sens complet. Le sujet est *l'écrivain qui, etc.* : il est simple, n'exprimant qu'un seul être ; il est complexe, ayant pour complément la proposition suivante qui restreint l'idée générique exprimée par le substantif *écrivain.* Le verbe est *a été.* L'attribut est *oubliant que, etc.* : il est simple, n'exprimant qu'une seule qualité ; il est complexe, ayant pour complément les mots *que l'art difficile, etc.* qui restreignent l'idée générique exprimée par le participe *oubliant.*

La seconde proposition est : *Qui méprise le naturel.*

Cette proposition est incidente, essentielle : elle est incidente, parce qu'elle figure comme complément du sujet de la proposition précédente ; elle est essentielle, parce qu'elle est partie intégrante de ce sujet, et qu'on ne peut la retrancher sans altérer le sens. Le sujet est *qui :* il est simple, n'exprimant qu'un seul être ; il est incomplexe, n'ayant pas de complément. Le verbe est *est.* L'attribut est *méprisant le naturel :* il est simple, n'exprimant qu'une seule action ; il est complexe, ayant pour complément les mots *le naturel* qui restreignent l'idée générique exprimée par le participe *méprisant.*

La troisième proposition est : *Que l'art difficile et la perfection de l'éloquence consistent à s'énoncer d'une manière que, etc.*

Cette proposition est incidente, essentielle : elle est incidente, parce qu'elle figure comme complément de l'attribut de la proposition principale ; elle est essentielle, parce qu'elle est partie intégrante de cet attribut, et qu'on ne peut la retrancher sans altérer le sens. Le sujet est *l'art difficile et la perfection de l'éloquence :* il est composé, exprimant des objets non pris collectivement ; il est complexe, ayant pour complément l'adjectif *difficile* qui restreint l'idée générique exprimée par le substantif *art*, et les mots *de l'éloquence* qui restreignent les idées génériques exprimées par le substantif *art* et par le substantif *perfection.* Le verbe est *sont.* L'attribut est *consistant à s'énoncer d'une manière que, etc. :* il est simple, n'exprimant qu'une seule qualité ; il est complexe, ayant pour complément les mots *à s'énoncer d'une manière* et la proposition suivante qui restreignent l'idée générique exprimée par le participe *consistant.*

La quatrième proposition est : *Que le lecteur s'imagine pouvoir parler lui-même.*

Cette proposition est incidente, essentielle : elle est incidente, parce qu'elle figure comme complément de l'attribut de la proposition précédente; elle est essentielle, parce qu'elle est partie intégrante de cet attribut, et qu'on ne peut la retrancher sans altérer le sens. Le sujet est *le lecteur :* il est simple, n'exprimant qu'un seul être; il est incomplexe, n'ayant pas de complément. Le verbe est *soit.* L'attribut est *que s'imaginant pouvoir parler lui-même :* il est simple, n'exprimant qu'une seule action; il est complexe, ayant pour complément les mots *que*, correspondant à *d'une manière*, et *se*, *pouvoir parler lui-même* qui restreignent l'idée générique exprimée par le participe *imaginant.*

Exercice XXXVIII.

La culture de l'esprit n'aurait presque aucun prix à nos yeux, si elle ne s'étendait pas jusqu'aux mœurs. Que nos élèves soient vertueux, c'est le premier vœu que nous formons ; et nous craignons surtout de voir en eux du penchant pour le vice. Aussi nous pensons que la première des lois pour nous, c'est de graver dans le cœur de la jeunesse, les principes de la probité, de l'honneur, de la bonne foi et de la justice.

ANALYSE.

La culture de l'esprit n'aurait presque aucun prix à nos yeux, si elle ne s'étendait pas jusqu'aux mœurs.

Cette phrase renferme deux propositions.

La première est : *La culture de l'esprit n'aurait presque aucun prix à nos yeux, si, etc.*

Cette proposition est principale, non-absolue : elle est principale, parce qu'elle ne figure pas comme complément ; elle est absolue, parce qu'elle n'a pas par elle-même un sens complet, la proposition suivante étant nécessaire au sens total de la principale. Le sujet est *la culture de l'esprit :* il est simple, n'exprimant qu'un seul objet ; il est complexe, ayant pour complément les mots *de l'esprit* qui restreignent l'idée générique exprimée par le substantif *culture.* Le verbe est *serait.* L'attribut est *n'ayant presque aucun prix à nos yeux :* il est simple, n'exprimant qu'une seule qualité ; il est complexe, ayant pour complément les mots *presque aucun prix à nos yeux* qui restreignent l'idée générique exprimée par le participe *ayant.*

La seconde proposition est : *Si elle ne s'étendait pas jusqu'aux mœurs.*

Cette proposition est incidente, essentielle : elle est incidente, parce que sans figurer comme complément d'un des termes de la proposition précédente, elle exprime un sens qui sert d'explication à celui de cette proposition (nº 43.);

elle est essentielle, parce qu'elle est partie intégrante du sens total de la principale, et qu'on ne peut la retrancher sans altérer le sens. Le sujet est *elle* : il est simple, n'exprimant qu'un seul objet; il est incomplexe, n'ayant pas de complément. Le verbe est *était*. L'attribut est *ne s'étendant pas jusqu'aux mœurs* : il est simple, n'exprimant qu'une seule action; il est complexe, ayant pour complément les mots *ne pas*, *se jusqu'aux mœurs*, qui restreignent l'idée générique exprimée par le participe *étendant*.

Que nos élèves soient vertueux, c'est le premier vœu que nous formons; et nous craignons surtout de voir en eux du penchant pour le vice.

Cette phrase renferme quatre propositions.

La première est : *Ce, que nos élèves, etc. est le premier vœu que, etc.*

Cette proposition est principale, non-absolue : elle est principale; parce qu'elle ne figure pas comme complément; elle est non-absolue; parce qu'elle n'a pas par elle-même un sens complet. Le sujet est *ce, que nos élèves, etc.* : il est simple, n'exprimant qu'une seule idée; il est complexe, ayant pour complément la proposition suivante qui restreint l'idée générale exprimée par le pronom *ce*. Le verbe est *est*. L'attribut est *le premier vœu que, etc.* : il est simple, n'exprimant qu'une seule qualité; il est complexe, ayant pour complément l'adjectif *premier* et la proposition suivante qui restreignent l'idée générique exprimée par le substantif *vœu*.

La seconde proposition est : *Que nos élèves soient vertueux*.

Cette proposition est incidente, essentielle : elle est incidente, parce qu'elle figure comme complément du sujet de la proposition précédente ; elle est essentielle, parce qu'elle est partie intégrante de ce sujet, et qu'on ne peut la retrancher sans altérer le sens. Le sujet est *nos élèves* : il est simple, exprimant des êtres pris collectivement; il est complexe, ayant pour complément l'adjectif *nos* qui restreint l'idée générique exprimée par le substantif *élèves*. Le verbe est *soient*. L'attribut est *vertueux* : il est simple, n'exprimant qu'une seule qualité ; il est incomplexe, n'ayant pas de complément.

La troisième proposition est : *Que nous formons*.

Cette proposition est incidente, essentielle : elle est incidente, parce qu'elle figure comme complément de l'attribut de la première proposition ; elle est essentielle, parce qu'elle est partie intégrante de cet attribut, et qu'on ne peut la retrancher sans altérer le sens. Le sujet *est nous* : il est simple, exprimant des êtres pris collectivement ; il est incomplexe, n'ayant pas de complément. Le verbe est *sommes*. L'attribut est *formant que* : il est simple, n'exprimant qu'une seule action ; il est complexe, ayant pour complément *que*, pour *vœu*, qui restreint l'idée générique exprimée par le participe *formant.*

La quatrième proposition est : *Et nous craignons surtout de voir en eux du penchant pour le vice.*

Cette proposition est principale, absolue : elle est principale, parce qu'elle ne figure pas comme complément ; elle est absolue, parce qu'elle a par elle-même un sens complet. Le sujet est *nous* : il est simple, exprimant des êtres pris collectivement ; il est incomplexe, n'ayant pas de complément. Le verbe est *sommes.* L'attribut est *craignant surtout de voir en eux du penchant pour le vice* : il est simple, n'exprimant qu'une seule qualité ; il est complexe, ayant pour complément les mots *surtout de voir en eux du penchant pour le vice* qui restreignent l'idée générique exprimée par le participe *craignant.*

Aussi nous pensons que la première des lois pour nous, c'est de graver dans le cœur de la jeunesse, les principes de la probité, de l'honneur, de la bonne foi, et de la justice.

Cette phrase renferme deux propositions.

La première est : *Aussi nous pensons que, etc.*

Cette proposition est principale, non-absolue : elle est principale, parce qu'elle ne figure pas comme complément ; elle est non-absolue, parce qu'elle n'a pas par elle-même un sens complet.

Le sujet est *nous :* il est simple, exprimant des êtres pris collectivement ; il est incomplexe, n'ayant pas de complément. Le verbe est *sommes.* L'attribut est *pensant aussi que, etc. :* il est simple, n'exprimant qu'une seule action ; il est complexe, ayant pour complément *aussi*, signifiant *à cause de cela*, et la proposition suivante qui restreignent l'idée générique exprimée par le participe *pensant.*

La seconde proposition est : *Que la première des lois pour nous, c'est de graver dans le cœur de la jeunesse, les principes de la probité, de l'honneur, de la bonne foi et de la justice.*

Tournez : que *ce*, (*de* explétif) *graver dans le cœur de la jeunesse les principes de la probité, de l'honneur, de la bonne foi et de la justice, est la première des lois pour nous.*

Cette proposition est incidente, essentielle, et elliptique : elle est incidente, parce qu'elle figure comme complément de l'attribut de la proposition principale ; elle est essentielle, parce qu'elle est partie intégrante de cet attribut, et qu'on ne peut la retrancher sans altérer le sens ; elle est elliptique, parce que l'attribut est sous-entendu. Le sujet est *ce*, *graver dans le cœur de la jeunesse les principes de la probité, de l'honneur, de la bonne foi et de la justice :* il est simple, n'exprimant qu'une seule idée ; il est complexe, ayant pour complément les mots *graver dans le cœur de la jeunesse les principes de la probité, de l'hon-*

neur, de la bonne foi et de la justice qui restreignent l'idée générale exprimée par le pronom *ce*. Le verbe est *est*. L'attribut est *la première loi des lois pour nous* : il est simple, n'exprimant qu'une seule qualité ; il est complexe, ayant pour complément les mots *première des lois pour nous* qui restreignent l'idée générique exprimée par le substantif *loi*.

Continuation de la Récapitulation en Exercices pour les Élèves.

Exercice XXXIX.

Le choix que vous avez fait de moi préférablement à tant de Patriciens, et l'ardeur que vous avez mise à me porter sur le trône, n'ont point un air de flatterie, et sont autant de preuves certaines de votre affection. Ces marques d'estime pourraient donner à d'autres plus d'assurance ; ils accepteraient sans inquiétude les offres que vous venez de me faire. Ils auraient quelque raison de bien augurer d'un règne dont les commencemens sont heureux, et pourraient se promettre de trouver dans vos dispositions de grandes facilités pour le gouvernement.

Exercice XL.

Mais plus toutes ces choses sont grandes, plus elles me sont avantageuses, plus je ressens l'honneur que vous me faites, plus aussi je conçois les obligations qu'il m'impose. Eh! combien il me sera difficile d'y répondre dignement! Lorsqu'une personne puissante paie de petits services par des bienfaits considérables, souvent on lui tient un grand compte d'une chose qui lui a très-peu coûté; et lorsqu'une autre, après avoir reçu de grands services, n'en rend que de médiocres, souvent aussi on attribue à son peu de reconnaissance et de sensibilité ce qui ne vient que de l'impuissance où il est d'en rendre de plus grands.

Exercice XLI.

Quintus Métellus mérite d'être cité pour les stratagèmes. Étant en Espagne, en qualité de proconsul, chargé de la guerre de Celtibérie, il vit que la force ne suffisait pas pour le rendre maître de la ville de Contrébie, capitale du pays. Lorsqu'il y eut long-temps réfléchi, voici (*tu vois ici*) la conduite qu'il crut devoir tenir pour arriver à son but. Il décampait brusquement, faisait des marches forcées, se portait rapidement tantôt d'un côté, tantôt de l'autre, se retranchant d'abord sur une montagne, puis allait se poster sur une autre, à l'insu de tout le monde.

Exercice XLII.

Quand il crut avoir parfaitement donné le change, et à son armée et à tous les Celtibères, et lorsqu'il semblait avoir dirigé sa marche d'un autre côté, il revint tout d'un coup sur Contrébie, qui ne s'y attendait pas, et l'emporta d'emblée. Si Métellus n'eut point forcé, en quelque sorte, son caractère, en recourant à la ruse, il lui eût fallu vieillir sous les armes aux pieds des murs de Contrébie.

EXERCICE XLIII.

Ceux qui sont sensibles à la véritable gloire, doivent penser qu'ils ne sont pas au monde (*qu'ils n'ont pas été mis au monde*) pour eux seuls, et que la société a des droits sur leurs talens et sur leur industrie; que par conséquent ils sont obligés à travailler de bonne heure à acquérir des connaissances dont ils puissent faire usage dans la suite. C'est ainsi qu'on se met en état (*on se met ainsi en état*) d'être utile aux autres hommes, et de contribuer, pour sa part, à l'avantage commun. Servir la société, c'est assurer en même temps notre gloire et notre bonheur, (*ce, servir la société, est assurer en même temps notre gloire et notre bonheur.*)

EXERCICE XLIV.

L'étude et la recherche de la vérité doivent être nos seules passions, passions nobles (*répété par pléonasme*) qu'on ne peut jamais admirer ni louer autant qu'elles le méritent, puisqu'elles sont la source d'une infinité d'avantages, tant pour chacun en particulier que pour tous les hommes ensemble. Ne croyez pas que cette occupation soit utile sans être agréable. Ce plaisir seul est pur et inaltérable, comme la vérité, qui en est le principe.

EXERCICE XLV.

La France n'a pas produit moins de héros que l'ancienne Rome. Elle compte, parmi ceux qu'elle a formés dans son sein, des hommes aussi recommandables que Fabius et Scipion. Turenne seul a égalé, et même surpassé ceux que l'antiquité vante le plus. Ce grand homme était doué de toutes les qualités qui forment un général accompli. Son mérite était encore relevé par une modestie encore plus admirable. Philippe IV, Roi d'Espagne, l'aperçut dans une entrevue avec Louis XIV, et dit en le voyant : voilà (*tu vois là*) un homme qui m'a donné du souci ; éloge d'autant plus délicat (*cet éloge était d'autant plus délicat*) qu'il rappelait, sous l'apparence d'un reproche, les victoires que Turenne avait remportées sur les Espagnols.

Exercice XLVI.

L'éloquence romaine ne se trouvait guères que dans son enfance avant les Scipions. On ramenait tout à l'équité dans les délibérations. Le zèle pour la patrie était généralement trop sincère pour rencontrer ces obstacles qui ne cèdent qu'aux grands efforts de l'éloquence. Les premiers Romains, dans leur langage comme dans leurs mœurs, étaient simples, sobres et austères. Le siècle des Scipions fut l'aurore de la belle littérature, et le règne de la véritable vertu romaine, c'est-à-dire qu'alors (*cela signifie qu'alors*) cette vertu devint plus aimable, et le savoir (*devint*) plus modeste.

Exercice XLVII.

Sous les dictateurs, les progrès de l'éloquence, des arts et des sciences furent plus rapides. Le succès des plus fameux orateurs aiguisa les talens, et multiplia les émules dans cette noble carrière. Ce fut par ces puissans ressorts que l'éloquence romaine parvint à la perfection, (*l'éloquence ro-*

maine parvint à la perfection par ces puissans ressorts.) La servitude, en les rompant, accéléra la chute de l'éloquence. On chercha a éblouir plutôt qu'à persuader. Il se fit dans la littérature une aussi grande révolution (*se fit*) que (*une grande révolution se fit*) dans le gouvernement. Les orateurs eurent pour rivaux les Empereurs, dont la jalousie ne souffrait que les talens qui voulaient les encenser. La source des grands sentimens était tarie ; le génie n'eut plus d'essor et d'élévation.

Exercice XLVIII.

Avouons de bonne foi (*nous, avouons*) que notre mépris pour les travaux de la campagne n'est fondé sur aucune raison solide, mais qu'il s'accorde parfaitement avec le courage, avec toutes les vertus civiles et militaires, avec la véritable politesse. Mais d'où vient ce mépris, (*ce mépris est venant d'où*, ou *de quelle chose*) ? Il en faut découvrir la véritable origine, (*en découvrir la véritable origine est nécessaire.*) Il ne vient que des anciennes mœurs de notre nation. Les Francs et les autres peuples germaniques vivaient dans des pays couverts de bois, où ils n'avaient ni blé, ni vin, ni bons fruits. Ainsi il fallait vivre de chasse, comme font, dans l'Amérique, les sauvages des pays froids.

Exercice XLIX.

Après avoir passé le Rhin, et s'être établis dans les meilleures terres, ils voulurent bien profiter des commodités de l'agriculture, des arts et du commerce; mais ils ne voulurent pas s'y appliquer. Ils laissèrent ces occupations aux anciens habitans qu'ils avaient subjugués, et restèrent dans leur ignorance, dont ils se sont fait honneur avec le temps ; ils y ont même attaché une idée de noblesse, dont nous avons peine à nous défaire.

EXERCICE L.

Le désir de la gloire n'est pas différent de cet instinct que nous avons tous pour notre conservation. Il semble que nous acquérions une autre vie lorsque nous pouvons transmettre notre nom à la mémoire des autres ; (*il, que nous acquérions, etc. est semblant.*) Mais comme (*comme* signifie ici *vu que*) tous les hommes ne sont pas également sensibles à la gloire, cette différence, qui se trouve d'homme à homme, se fait encore plus sentir de peuple à peuple. Chez les Romains et chez les Athéniens, l'honneur seul payait les vertus les plus signalées, et une couronne de chêne ou de laurier était une récompense très-glorieuse pour une bataille gagnée ou pour une ville prise.

EXERCICE LI.

C'est presque une maxime reçue dans le monde, que les gens d'un bon naturel n'ont pas toujours le plus d'esprit ; mais cette maxime paraît très-mal fondée ; car les plus grands esprits que nous ayons connus, se sont distingués par leur humanité. Ainsi l'on pourrait croire que cette opinion doit son origine à deux sources ; d'abord, que le méchant naturel passe pour de l'esprit. Un trait malin et hardi flatte tant de petites passions dans ceux qui l'entendent, qu'il ne manque presque jamais d'être bien accueilli. On en rit d'abord, et l'auteur du bon mot passe pour un bel-esprit satyrique.

EXERCICE LII.

Cela est cause sans doute que plusieurs de ces agréables railleurs paraissent si plats, lorsqu'ils se mêlent de faire imprimer leurs bons mots. Le public est plus juste que les assemblées des particuliers où ils brillent ; et il sait mieux distinguer le bon esprit de l'envie ou de la malice. L'autre source, qui paraît avoir donné lieu à la fausse idée que nous combattons, vient peut-être de ce qu'un bon naturel est disposé à ne pas faire attention à des choses qu'un autre tournerait en ridicule, pour obtenir la réputation de bel-esprit.

EXERCICE LIII.

L'homme d'un méchant naturel, quoiqu'il n'ait pas des talens supérieurs, se donne une plus vaste carrière ; il expose à la vue de tout le monde les défauts de la nature humaine sur lesquels l'autre voulait tirer le voile. Il se joue de tous les vices, dont l'autre ne dit mot ou qu'il excuse ; il laisse échapper tout ce qui lui vient à la pensée et que l'autre étouffe. Il attaque indifféremment ses amis et ses ennemis, les personnes mêmes qui lui ont rendu service, et il ne ménage rien pourvu qu'on dise qu'il a de l'esprit. Peut-on donc s'étonner qu'il réussisse mieux à cet égard que l'homme d'un bon naturel? Celui qui veut s'enrichir à tout prix, et qui n'épargne rien pour en venir à bout, l'emportera toujours sans doute sur l'honnête négociant.

Exercice LIV.

C'est une grande faute dans les parens de se croire entièrement déchargés du soin de veiller sur leurs enfans dès qu'ils les ont mis entre les mains d'un maître, et de ne pas s'assurer par eux-mêmes des progrès qu'ils font dans la vertu et dans les sciences. Un père a tort de s'en rapporter à la bonne foi d'un étranger dans une affaire de cette importance. Celui qui s'informe de temps en temps des études et de la conduite de son fils, peut par cela même contribuer à lui faire remplir ses devoirs plus exactement. Cette obligation est indispensable, et pourtant il est bien rare de trouver des gens qui la remplissent. Plusieurs montrent sur ce point une indifférence qu'on a peine à concevoir. Quelques-uns la couvrent du prétexte de leurs affaires, comme (*ils pourraient le faire*) si l'éducation de leurs enfans n'était pas la première de toutes.

Exercice LV.

On ne finirait pas si l'on voulait entrer dans des détails sur le luxe des Romains, sur la magnificence de leurs édifices, la richesse de leurs vêtemens chargés d'or et de pierreries, sur cette multitude d'esclaves et de clients dont ils étaient accompagnés, enfin sur la profusion et la délicatesse de leurs festins. Long-temps avant les Empereurs, ils ne se croyaient pas assez heureux s'ils n'avaient dans chaque saison ce qui appartenait à une saison différente. Ils jugeaient des mets, non par le goût, mais par le prix. Ils faisaient rechercher les oiseaux les plus rares.

EXERCICE LVI.

Leur mollesse égalait leur luxe. Les jeunes gens ne cherchaient qu'à rivaliser de parure avec les femmes, et s'efforçaient comme elles d'adoucir leur voix en l'affaiblissant. Ils semblaient vouloir l'emporter sur elles en légèreté, par leur démarche efféminée, leur propreté et leur élégance. Aussi César qui savait bien qu'il fallait tourner en ridicule leur mollesse, ordonna seulement aux soldats, à la bataille de Pharsale, de frapper au visage. Cette jeunesse trop jalouse de sa beauté, craignant d'être défigurée par les blessures, se hâta de prendre honteusement la fuite.

EXERCICE LVII.

Je ne suis pas surpris que tant d'hommes célèbres aient trouvé un grand plaisir dans les travaux de la campagne. Qu'y-a-t-il de plus amusant (*quelle chose est plus amusante*) pour celui qui cultive son champ, de plus beau (*plus belle*) pour le spectateur, que les différentes productions de la terre (*sont amusantes et belles*)? Ceux qui se livrent à ces occupations, ne peuvent se rassasier du plaisir qu'ils goûtent à contempler les ouvrages de la nature; ils nous amusent surtout par leur variété infinie.

EXERCICE LVIII.

Ici on voit sortir de la terre une moisson naissante qui s'élève, croît insensiblement, et qui, échauffée par les rayons du soleil, jaunit en mûrissant. Là des fleurs sortant du bouton qui les renfermait, font briller aux yeux l'admirable structure de leurs feuilles, et l'agréable diversité de leurs couleurs. Quelques plantes, appuyées sur de fortes tiges, s'élèvent d'elles-mêmes sans appui ; d'autres, naturellement faibles, sont obligées de ramper, et leurs branches errantes se traînent en serpentant de tous côtés ; il y a des fruits (*des fruits existent*) qui sont enveloppés d'une écorce dure. Il en est quelques-uns (*quelques-uns existent*) que la nature a munis de petites pointes hérissées pour les défendre contre les insultes des oiseaux. Peut-on considérer toutes ces merveilles sans ressentir un plaisir d'admiration ?

FIN.

www.ingramcontent.com/pod-product-compliance
Ingram Content Group UK Ltd.
Pitfield, Milton Keynes, MK11 3LW, UK
UKHW021048230726
13926UKWH00004B/1710